新
マーケティング
原論

「売れる戦略」の
シンプルな本質

津田久資

Tsuda Hisashi

NEW
PRINCIPLES
OF MARKETING

ダイヤモンド社

すべての考えるマーケターたちへ

そこにはブルー・オーシャンもなければ、
踊る象も、どこかへ行ってしまうチーズもない。

(『〔エッセンシャル版〕マイケル・ポーターの競争戦略』早川書房より)

はじめに
――3Cはなぜ「3C」で、4Pはなぜ「4P」なのか?

「3C はなぜ『3C』なんでしょうか?」

　ある研修の場で、筆者は受講者のみなさんにこう質問したことがあります。
　すると、ある企業のマーケティング部門で働いている方から、こんな答えが返ってきました。

「3C というのは、Customer（顧客）・Competitor（競合）・Company（自社）のことです。大前研一さんが提唱した環境分析のフレームワークですが、最近では 5C のほうが主流になっていて、私も 3C はほとんど使わなくなりましたね」

　この回答を読んでどう感じましたか?

「よく勉強している人だなあ……」
「へえ、最近は 3C じゃなくて 5C なのか～」
「そもそも 3C を知らなかった。恥ずかしい!」

　いろいろな感想を抱いた方がいると思いますが……冷静な読者は、この回答のおかしなところに気づいたかもしれません。

「わかっていない自分」に気づいていない

　彼の答えには、少なくとも2つの問題があります。

　第一に、これは問いに対する答えになっていません。筆者が聞いたのは「3Cはなぜ3Cなのか？」でした。つまり、こちらは理由（WHY）を尋ねているのに、彼は「3Cとは何か？」という内容（WHAT）の説明をしてしまっています。

　第二は、「3Cはなぜ3Cなのか？」を消化しないまま、「5C」という別のフレームワークの話をしている点です。しかも、ここでも結局「なぜ5Cなのか？」「なぜCが2つ増えたのか？」は説明されないまま……。

　このように彼の回答は不完全なものだったわけですが、筆者が何よりも驚いたのは、ご本人が自分の回答のどこに不備があるのかに気づいていなかったことです。

　質問がうまく伝わっていなかったのかもしれないと思って、もう一度同じことを聞いてみても、返ってきたのは似たような要領を得ない答えだけでした。

　それどころか、彼は「（この人はなぜ同じことを聞くんだろう……？講師のくせに5Cも知らないの？）」と言いたげな様子。どうやら彼は「自分は3Cについてよくわかっている」と思って満足しているようなのです。

　筆者が「マーケティングの世界には根深い問題がありそうだぞ……」と感じた瞬間でした。

読者が期待していいこと —— 本書のゴール

　本のまえがきというのは、いわば「書き手と読み手とのあいだの約束」です。つまり、「この本にどんなことが書いてあり、どんな効果・効能が期待できるのか?」を予告しているわけです。

　では、本書はみなさんに何を約束するのか——?
　この本の狙いは、ふつうの読者が「たしかにね」と感じるであろう常識に基づいて、マーケティングの土台を整理することです。もうちょっとかしこまった言い方をするなら、**マーケティング原理の体系化を目指した一冊**ということになるでしょうか。

　この本では、さきほどの 3C なども含め、マーケティングのツールとされているものの原理を解剖し、「そもそもなぜそうだと言えるのか?」にまで遡って考えていきます。
　ですから、この本を読み終えたとき、みなさんは「3C はなぜ『3C』なのか?」を説明できるようになっているはずです。

この本を読まなくてもいい人

「ちょっと面白そうだな」と思っていただけましたか?　あるいは、「なんでわざわざそんなめんどくさそうなことを……」と思った人もいるかもしれません。
　どちらの方も、せっかくなので次の問いだけでも答えてみてください。

いかがだったでしょうか？

　まず、③や④を選んだ「そもそも 4P がなんなのかがわからない！」と
いう方は、不安にならなくても大丈夫です。4P というのは「Product（商
品）」「Price（価格）」「Place（流通）」「Promotion（販売促進）」の頭文字
を取ったもので、マーケティング戦略を立案する際の最も有名なフレーム
ワークの 1 つです。

　つまり、このクエスチョンが問いかけていたのは「なぜ 4P というフレー
ムワークでは『この 4 つの P』を考えることが推奨されているのですか？」
「なぜ『3 つの P』とか『5 つの P』とか『別の 4 つ』ではダメなんですか？」
ということだったわけです。

　もし、あなたのアンサーが①で、実際に正しい説明ができるのなら、本
書を読む必要はないでしょう。その人はこの本が目指すゴールをすでに達
成しているからです。

ですが、著者の経験からすると、そんな読者はほとんどいないと思っています。海外の有名大学でMBAコースを修了した人ですら、この問いにしっかりと答えられるかどうかは、はなはだ怪しいのではないかというのが正直なところです。

　というわけで、ここからは②〜④を選んだ方向けの内容になります。
　この続きは「序章」でお話ししていくことにしましょう。

新マーケティング原論
［目次］

—

CONTENTS

序　章
────
INTRODUCTION

プリンシプルの
ない
マーケティング

第1章

DEFINITIONS OF MARKETING

マーケティングの「定義」論

04

既存の「マーケティングの定義」を見てみる ································· 050

05

本書なりの定義

第 2 章

TARGET OF MARKETING

マーケティングの「目標」論

06

マーケティングは「粗利の最大化」を目指す

第3章

BATTLEFIELD OF MARKETING

マーケティングの「戦場」論

第4章

STRATEGY OF MARKETING

マーケティングの「戦略」論

21

マーケティングはアートである

22

「どの順序」で考えるか？

23

経営資源を掘り下げる

第5章

FRAMEWORKS OF MARKETING

マーケティングの「道具」論

序　章

———

INTRODUCTION

プリンシプルの
ない
マーケティング

「はじめに」でお伝えしたとおり、この本はマーケティングの世界であたり
まえとされていることについて、「そもそもなぜそうだと言えるのか？」を
問い直していきます。

率直なところを言えば、「『このとおりにやればマーケティングはバッチリ！』
と言えるような公式や法則を教えてほしいな……」というのが、ふつうの読
者の本音ではないかと思います。

数学や物理学の世界では、そうした公式や法則が成り立ちます。こういうも
のがマーケティングの領域にもあれば便利ですよね。……ですが、そういう
ものがほんとうにあると思いますか？

マーケティング本の読者は
「わかりやすい公式」を求めているのでは？

　たとえば、ピタゴラスの定理を思い浮かべてください。$A^2 + B^2 = C^2$ という例のあれですね。直角三角形においては、2つの辺の長さがわかれば、残りの辺の長さが必ずわかるようになっています。

　また、ビリヤードの球やミサイルの軌道なども、どのような角度でどれくらいの力を加えれば、狙った方向に飛ばせるかを、一定の計算に基づいてシミュレーションすることができます。もちろん現実の世界では一定の誤差が生じますが、おおむね法則どおりの結果を引き起こすことが可能です。

　一方、マーケティングはどうでしょうか？　3Cや4Pのようなツールにあてはめるだけで、モノを売るための「正解」がどんどん量産できるなどということが、ほんとうにあり得るでしょうか？

　こう質問してみると、けっこうな割合の人が「いやー、それはさすがに無理じゃないですかね」と（空気を読みながら）答えます。とはいえ、内心では「ひょっとしたら……」と淡い期待を抱いている人が多いのではないかと思います。口では「あてはめるだけなんてとんでもない！　私はふだんからちゃんと考えていますよ」と言っている人も、いざ研修の場などでケーススタディをやってもらうと、結局「4Pをあてはめて終わり」というようなパターンがよく見受けられます。

なぜ「素性のわからないもの」にお金を突っ込むのか？

　実際、世の中にあるマーケティング解説本の多くは、いきなり4Pなど

のツールを持ち出して、「これに沿って考えれば、売れる戦略がつくれますよ」と語っています。わざわざ「なぜそうだと言えるのか？」にまで突っ込むような（面倒な）ことはしていません。

しかし、よくよく考えてみると、これはすごく異常な状況です。

数学の定理であれば証明ができますし、自然科学の法則も検証ができます。しかし、マーケティングのツールが「正しい」と言える理由は、どこにあるのでしょうか？　4Pはなぜ4Pなのでしょう？　3Cはなぜ3Cなのでしょう？　「10P」や「100C」でないのは、なぜなのでしょう？

これに答えられる人は、ほとんどいないのに、世の中にはこの種のマーケティング理論をありがたがるような風潮があります。マーケティングの「公式」や「マニュアル」を解説するコンテンツがどんどん再生産され、マーケターたちもこうしたツールに沿ってものを考え（た気になり）、戦略（らしきもの）をつくり、そこに（ムダな）資本を投じています。

ほんとうにそれでいいのでしょうか？　マーケティングというのは、少なくとも企業の営利活動の根幹であるはずです。そんな大事な部分の意思決定に、素性のよくわからないツールを使ってしまってほんとうに大丈夫なのでしょうか？

マーケターとは「考える職業」である──この本を読んでほしい人

筆者は、そんな状況が放置されているのをずっと不思議に思っていました。この違和感を分かち合える方に、ぜひ本書を読んでいただきたいと思っています。

この本は「考えるマーケター」でありたいと願うすべての人に贈る一冊です。読むうえで特別な前提知識は要りません。むしろ必要なのは、つねに考え続けようとする知的態度です。

　マーケターとは「考える職業」です。思考を止めた瞬間、そのマーケターは終わります。実際、優秀なマーケターはつねに考えています。徹底的に考え抜いています。少なくとも、公式にあてはめて、ポンポンと正解を導き出すようなことはしていません。

　逆に、マーケティングにお手軽な法則らしきものが存在するかのように語っている人がいるなら、その人は嘘をついているか、自分がなにを語っているのかをよくわかっていないと思ったほうがいいでしょう。そして、そんな「法則もどき」を学んだところで、当然ですが、売れる戦略を生み出せるようになったりはしません。

　経営共創基盤（IGPI）代表の冨山和彦さんはさまざまなメディアで「普遍的なものとそうでないものとを区別できない人が多すぎる」といったことを嘆いていますが、これなどはまさにその典型でしょう。

　……と、いろいろ語りはじめてしまいましたが、このあたりで筆者自身の自己紹介もしておきましょう。

「そこにはブルー・オーシャンもなければ、踊る象も、どこかへ行ってしまうチーズもない」

　まず断っておきますが、筆者自身はいわゆる「マーケティング畑」の研究者ではありません。

　ファーストキャリアは広告代理店だったので、いろいろな企業のマーケ

ティング戦略策定に携わることになりました。その後、外資系の戦略コンサルタントとして活動していた時期には、マーケティングも含めた事業戦略づくりを手がけてきました。さらに独立後には、ビジネススクールや企業研修などの場で、大手企業の幹部候補などを対象に、論理思考や戦略思考の本質を伝える活動をしてきました。

　つまり、筆者はあくまでもロジックや戦略のプロフェッショナルであり、マーケティングの研究者ではありません。ですから、ものすごくたくさんのマーケティング事例（サンプル）を知っているわけではないですし、SNSマーケティングやデジタルマーケティングなどの最新動向については、筆者よりも詳しい方はたくさんいると思います。

　ですが、そんな人間からすると、"マーケティング"というのはずいぶんといい加減な領域に思えてならないのです。マーケティングという領域では、自然科学のようにたくさんの実験データを集めて、法則の正しさを検証するのはかなり難しいはずです。また、もしそういうアプローチをとるにしても、マーケティング理論の正しさを裏づけるような実例の数など知れています。それにもかかわらず、だれもが「4Pはなぜ4Pなのか？」を考えもせず、ただ与えられたものを鵜呑みにしているのではないか──？「考えること」の大切さを訴え続けてきた者として、筆者はこの状況が気になって仕方ありませんでした。それが本書を執筆しようと思ったいちばんの動機です。

　ですから本書では、最新のマーケティング理論だとか、デジタルツールを活用した新手法だとか、成功事例によるケーススタディなどには触れません。まさにエピグラフにあげたとおり、「そこにはブルー・オーシャンもなければ、踊る象も、どこかへ行ってしまうチーズもない」のです。そういう飛び道具をご所望の方は、ほかをあたっていただくのがいいでしょ

う（ほんとうにそれが役に立つかどうかは保証しませんが）。

　本書が焦点をあてるのは、あくまでもマーケティングの**原理（Principles）**の部分です。原理とは「だから…」の出発点であり、「なぜ？」の終着点です。

　たとえ時代や環境が変化したとしても、移り変わることがないビジネスの本質があるとすれば、それはどんなものなのか──？　それをゼロからみなさんと一緒に考えていきます。

「なぜ？」を考えることが「売れる戦略」への近道

　さて、まだ腑に落ちないという人は、きっとこんなふうに感じているのではないでしょうか？

> 「『なぜ4Pか？』『なぜ3Cか？』なんて、わかっておく必要があるんだろうか？　頭のいい人が考えてくれたすごいツールがあるんだから、われわれはそれを大人しく使っていればいいのでは？　結果的にモノやサービスが売れてしっかり儲かっていれば、それで十分じゃないですか……？」

　もっともらしい疑問です。

　ですが、結論から言えば、マーケティングにおいてこそ「なぜ4Pか？」「なぜ3Cか？」の理解が大事なのです。「なぜ？」を欠いたままでは、これらのツールを正しく使うことができないようになっているからです（それがどういうことなのかは、本書を読めば、納得いただけると思います）。

「なぜこのツールが正しいのかはわかりませんが、私はうまく使えています」──？　残念ながら、それは単なる勘違いです。「ツールにあてはめてみたら、なぜだかうまくいったんです」──？　それはなによりですが、単なるまぐれです。次もうまくいく保証はありません。

「正しく使えているなら、原理がよくわからなくても別にいいじゃん」は、マーケティングの世界では成り立たないのです。

　さらに言うなら、マーケティングの「なぜ？」を突き詰めていくことは、決してムダなまわり道などではありません。

　それぞれのツールが持っている前提がわかるようになると、マーケティング戦略を考えるときの正しい道筋が見えるようになるからです。また、4Pや3Cなど、それぞれのツールがお互いにどう関係し合っているのかも理解でき、**1つの体系（システム）** のなかで結びついていくので、それぞれの局面でどれを使うべきかの判断にも困らなくなります。

　本書は、マーケティング入門への「最短ルート」でさえあるのです。

なぜ本書は「いちばん重要で、わかりやすい入門書」なのか

　この部分を掘り下げているマーケティングの入門書を、筆者は知りません。ですから、本書はいちばん大事なことが書かれたマーケティング入門書です。少なくとも筆者はそう信じてこれを書いています。

　マーケティングをゼロから学ぶ人（7ページの問いで③や④を選んだ人）にとって、この本は最初に読むべきベストな一冊になってくれるはずです。もちろん、マーケターに役立つ理論をただ丸暗記させるようなことはしません。「なぜそうなのか？」という原理に遡りながら解説していくので、この先忘れてしまうこともなくなるし、実務で応用する際にも勘所を外しづらくなります。

とはいえ、ただの入門書でもありません。

　本書は<mark>マーケティングの「知識」ではなく「知恵」の獲得を目指しています</mark>。知識はそれ自体が自己完結なのに対して、知恵はそれを材料にして新たな発想を生み出してくれます。

　ですから、これまでにマーケティングの諸理論を「お勉強」したことがある人にも、この本は十分に役立てていただけるはずです。「4Pが『なんなのか』はわかっているが、『なぜ4つなのか』は説明できない」と回答した人（7ページの問いで②を選んだ人）も、かなり効能を実感いただけると思います。

　また筆者は、マーケティング入門書としての「面白さ」についても自負しています。本書は、マーケティングの「WHY？」に答えているからです。

　たとえば、歴史を学ぶときのことを考えてください。「1582年、本能寺において、織田信長は明智光秀に討たれた」という歴史的事実を知っただけでは、なんの面白みもありませんよね。

　これをスタート地点にしながら「WHY？」を問い直すことにこそ、歴史のほんとうの味わいがあります。「なぜ光秀は信長を討たねばならなかったのか？」「なぜ1582年だったのか？」「なぜ本能寺だったのか？」――こうした問いを紐解いていくときに、人は歴史に惹かれ、知的好奇心をかき立てられるのです。

　歴史にしろ、マーケティングにしろ、ふつうの教科書がつまらないのは、頭ごなしに事実や理論を羅列しているからです。その点、本書はひたすら「なぜそうだと言えるのか？」を掘り下げていきますから、きっと楽しみながら読んでいただけるのではないかと思います。

　……が、そもそも本が面白いかどうかは、筆者が決めることではないので、そこは読者のみなさんに委ねることにしましょう。

フレームワークとは「公式」ではなく「補助ツール」

「結局、マーケティングに使えるツールなんてないってことか……」

　ここまでの話を読んで、そう思った人もいるかもしれません。ですが、これもまた早とちりというものです。

　筆者は、3Cや4Pのようなツールがまったくの役立たずだと言いたいわけでもないのです。

　たしかに、マーケティング領域においては「いつでも使える普遍的な公式」はごくわずかしかありません。いや、「ほとんどない」と言ったほうがいいでしょう。

　ですから、マーケティングに携わる人は、結局は自分で「考える」しかないのです。考えて、考えて……考えた末に、ギリギリのところで「自分なりの答え」を出すのがマーケターの仕事です。

　しかし、毎回のように「まったくのゼロ」から考えるのは、あまりにも大変ですよね。そのときの補助になってくれるツールの一種が、いわゆる**フレームワーク**です。

　この違い、わかるでしょうか？
　フレームワークは、正解を出すための公式ではありません。「自分なりの答え」をつくるための補助ツールです。決して万能ではありませんし、使いどころを間違えれば、見当違いの戦略を生み出すことすらあります。だからこそ、フレームワークを使うときには「なぜそうだと言えるのか？」を知っておく必要があるのです。

マイケル・ポーターが「戦略」の領域で試みたこと

逆に言えば、本書のような手続きを踏まえることで初めて、みなさんはマーケティングのフレームワークを手に入れられるとも言えるでしょう。そして、それがフレームワークである以上、やはり一定の体系性と普遍性をもったものになるはずです。

「私のフレームワークは、このうえなく基本的な論理的関係を示す。いわば物理法則のようなものだ。（中略）これらのフレームワークは、競争の『本質』についての基本的で根本的、かつ不変と思われる関係を示しているのだ」
（『〔エッセンシャル版〕マイケル・ポーターの競争戦略』早川書房、21ページ）

これは、ハーバード・ビジネス・スクール教授の**マイケル・ポーター**の言葉です。ポーターは現代における競争戦略論の大家であり、さまざまなフレームワークを考案したことで知られています。

この言葉からも読み取れるように、ポーター教授は明らかに自身のフレームワークに**体系性**や**普遍性**を認めています（上記の場合の「不変」は「普遍」とほぼ同じ意味だと言えるでしょう）。そして、彼がこのように断言できるのは、彼自身がこのフレームワークの創設者であり、「なぜそうだと言えるのか？」という原理原則がくっきりと見えているからでしょう。

本書が目指しているのは、ポーターが戦略の文脈で到達したような普遍的な体系性を、マーケティングの領域で実現することです。マーケティングの原理をゼロから洗い出してみることで、ビジネスの基礎に横たわっている「物理法則」を明らかにしてみたいと思っています。

　もとより、筆者がポーター教授と肩を並べうるなどと僭称するつもりはありません。しかしながら、マーケティングの世界ではこうして「なぜ?」を追究する「原論」の試みが十分になされてこなかった以上、たとえ100%の完成度ではなくても十分にやる価値のあるチャレンジだと思っています。

　かつて白州次郎は「日本にはプリンシプルがない」と語りました。それはいまも変わっていないと思います。日本人には「なぜ?」がないからです。小西美術工藝社の社長で、菅義偉元総理のブレーンとしても知られているデービッド・アトキンソンさんも「日本人にはクリティカル・シンキングが欠けている」と各所で語っていらっしゃいますが、これは物事に対して「なぜ?」という疑問を持って向き合う態度のことでしょう。

みんなが認める「共通概念」からはじめる意味

　最後に、1つだけ補足をしておきたいと思います。それは本書の「方法」についてです。

　たったいま書いたとおり、筆者は「マーケティングにおける普遍的な原理を体系化してみたい」と考えています。あるものが「普遍的」であるとは、端的に言えば「いつでも、どこでも、だれにとってもあてはまる」ということです。それこそ、幾何学におけるピタゴラスの定理や物理学における慣性の法則が「普遍的」だと言えるのは、それが個別のケースを問わずに成立し得るからですよね。

　ある体系にそういう普遍性を持たせるには、どうすればいいのでしょうか?　答えは単純で、はじめから「普遍性」があると認められるものを、

分析するか統合するかしていけばいいのです。最初から普遍性があるもの
を分解したり組み立てたりすれば、おのずと普遍的な体系が出来上がるの
はあたりまえです。

　たとえば哲学者のデカルトは、すべてのものを疑ったとしても、やはり
それを疑っている自分自身はどこまでも残り続けることに気づき、「われ
思う（cogito）」という疑いようのない事実をみずからの哲学の出発点に
据えました。
　これはだれもが認めざるを得ない共通概念です（その是非はさておくと
しても、少なくともデカルトはそう考えました）。「みんなが理解できる大
前提のうえに議論を積み上げていくことで、普遍的な体系を実現する」と
いうのは、きわめてオーソドックスなやり方だと言えるでしょう。

大前提としての「コストパフォーマンス」
――ふつうの人が「たしかに」と感じる常識

　ですから、マーケティングの原理を体系化するうえでも、やはりなんら
かの大前提が必要です。筆者が「はじめに」（6ページ）でこう書いたこ
とを覚えているでしょうか？

> 「では、本書はみなさんになにを約束するのか？　本書の狙いは、ふ
> つうの読者が『たしかにね』と感じるであろう常識に基づいて、マー
> ケティングの土台を整理することです」

　この「ふつうの読者が『たしかにね』と感じるであろう常識」こそが、

本書のいわば大前提にあたります。

　では、ここで言う「常識」とはなんなのか──？

　筆者は、その体系化の核に**コストパフォーマンス（CP）**を据えました。

　いわゆる費用対効果、つまり、「かけたコストに対してどれくらいのパフォーマンスが得られるか」という観点は、マーケティングを考えるときに、だれもが前提せざるを得ないのではないかということです。

　本書を書いている筆者も、またこれを読んでいる読者も、必ずいずれかの製品やサービスの「買い手」であるはずです。それを踏まえた場合、「コストパフォーマンス以上に普遍的な概念は認められない」というのが筆者なりの結論なのです。

　ここで注意していただきたいのは、筆者は大規模な聞き取り調査や精密なデータ解析の結果として、この概念にたどり着いたわけではないということです。あくまでも「買い手としての自分自身」を掘り下げる作業を通じて、「コストパフォーマンスこそがマーケティングの大前提である」と考えるに至りました。

　したがって、これはあくまでも仮説にすぎません。もしもこの大前提が崩れるのなら、本書の体系全体が崩れることになります。

どこまでも「アート」が残る──買い手としての自分を掘る作業

「なぜそんな危なっかしい方法をとったの？」と訝しむ人もいるでしょう。

　これには筆者なりの意図があります。マーケティングとは本来的に「自分自身を掘ることによって得た仮説」に依拠せざるを得ないものだからです。

035

すぐれたマーケターは、売り手（マーケター）と買い手（カスタマー）とのあいだに Win-Win の関係を築きます。そのためには当然、「買い手がなにを欲しているのか？」に対する「答え」が必要になります。

　しかしじつのところ、買い手に「なにがほしいですか？」と聞いたところで、その答えが得られるわけではありません（だから「潜在ニーズ」という概念が存在します）。
　そこで、すぐれたマーケターは**「自分自身を掘る」**という手段をとります。もちろん、独りよがりに答えを出すということではなく、己自身とカスタマーとが重なり合う部分を自分のなかに見つけて、そこを徹底的に掘り下げ、自分なりの仮説を見つけ出しているのです。

　本書はあくまでもマーケティングの普遍的な体系を目指すという意味で、「サイエンス」としてのマーケティングを志向しています。しかし一方で、マーケティングはどこまでも「買い手としての自分を掘る作業」と切っても切れない関係にあります。「自分だったらどういうものがほしいか？」という問いと不可分なのです。
　そして、これには無数の回答があり得ます。決まった「正解」はありません。その意味で、マーケティングはどこまでも「アート」でもあるのです。

―――――――――――

　本書『新マーケティング原論』の体系それ自体もまた、筆者なりに自分自身を掘り下げて得た「コストパフォーマンス」という概念のうえに成り立っています。
　ですから、筆者はこれだけが唯一可能なマーケティングの体系だと言うつもりはありません。コストパフォーマンスに代わる根本概念を据えれば、

また別の体系が出来上がることになるでしょう。もしも読者のみなさんが
それを発見されたのなら、本書のやり方を参考にして独自の体系をつくっ
ていただいてもいいのです。

　とはいえ、筆者自身としては、やはりコストパフォーマンスこそがマー
ケティングの根本概念であると考えています。それに基づいてマーケティ
ングの原理を体系づけていくとしたら、果たしてどんなことが見えてくる
のか──？　次の章からは、いよいよそれを見ていくことにしましょう。

第 **1** 章

―――

DEFINITIONS OF MARKETING

マーケティングの「定義」論

マーケティングの原理を体系づけていくうえで最も大事なのは、マーケティングの「定義」です。核がないことには、体系はできません。そして、定義こそが体系の核になります。

ただし、どんな定義でもいいかというと、そうではありません。いくつかの条件をクリアしなければならないのです。そのあたりの話からはじめましょう。

01

なぜ定義が必要なのか
──「自分の仕事」がわかっていないマーケターたち

「マーケティングの定義について考えましょう」と言われて、正直どう思いましたか？　「いちいち定義の話から入るなんて面倒くさそうだな……」というのが、ふつうの読者の感覚だと推察します。

なぜそう感じてしまうのか？　要するに、みなさんは「定義なんて学んでも、実践ではなんの役にも立たない」と考えているからではないでしょうか（違っていたらごめんなさい）。

ですが、それは大きな誤解です。「定義＝役立たないもの」というのは、定義の本来の役割がしっかり認識されていないために生まれる勘違いなのです。筆者に言わせれば、定義ほど大事なもの、役に立つものはありません。なぜそう言えるのかをこの節でお伝えしていくことにしましょう。

マーケティングの「いい定義」とはどんなものだろう？

たいていのマーケティング入門書には、とりあえず「マーケティングの定義」が書かれているはずです。これまで何冊か読んだ人は、どれか1つでも覚えているでしょうか？　覚えているという人はあまりいないと思います。

　おそらく、それらの本の筆者たち自身も、定義の必要性をさほど感じていないのでしょう。入門書としての体裁上、ひとまず「マーケティングとはなにか」には触れてはいるものの、そのあとの記述にとって不可欠な要素にはなっていません。つまり、定義だけで完結しており、ほかの論点とのつながりがよくわからないまま放置されてしまっているのです。こういう定義なら、たしかに読み飛ばしてもなんの不都合もありません。みなさんが覚えていないのも当然です。

　では、読むに値する「いい定義」とは、どういうものだと思いますか？
まずはみなさんなりに「マーケティングの定義」を考えてみてください。

QUESTION
自分なりに「マーケティング」を定義してみてください。
そのとき、どんなポイントを重視しますか？

とるべき最適な「行動」が決まるデザインになっているか

　定義を考えるとき、みなさんもなんらかのポイントを意識していたはずです。たとえば、「モノを売り込むための活動」という定義が思い浮かんだとしましょう。たしかに、マーケティングが何かを「売り込む」ことに関係するのは間違いなさそうです。
　しかしそのあとで、「だけど、モノだけではなくサービスも含めたほうがいいかな……」とか「これだと『セールス』の定義と同じになってしまうかな？」などと考えるのではないでしょうか。こういう思考が生まれるということは、みなさんなりに「いい定義」の条件を（ぼんやりとではあれ）意識しているということです。

まず、その名称がマーケティング（Marketing）である以上、マーケティングは「行動」であるはずです。

　だとすると、その定義もまた、「とるべき最適な行動」が決まるようにデザインされていることが望ましいでしょう。

　逆に、よくない定義、ダメな定義があるとすれば、それは「最適な行動の決定」に寄与しないものだと言えます。たとえば、上記の「マーケティング＝モノを売り込むための活動」という定義が与えられても、おそらくほとんどのマーケターは、これをもとにして自分のとるべき行動を決定づけることができません。

　マーケティングの定義があいまいだということは、マーケターが自分の仕事をあいまいにしか理解できていないということです。やるべきことが明確になっていないマーケターは、いつのまにか思い込みにとらわれたり、その場の思いつきで選んだ行動に手を出してしまったりします。世のマーケティングの失敗要因は、ほぼこれだと言っていいでしょう。

02

—

「発想量」が結果を決める
——天才マーケターがやっていること

　マーケターにはみずからの頭を使って「とるべき行動」を考えることが要求されます。ここでどれだけ「いい行動案」を発想できるかが、マーケターの勝負になってくるわけです。

　この点をもう少し掘り下げてみましょう。またあとで「定義」の話に戻ってきますので、ご安心ください。

いい行動案を生み出す2段階プロセス——発散と収束

　さて、どんなプロセスを踏めば、より質の高い行動案を発想することができるでしょうか？　ここには2段階のプロセスがあります。

① 行動案を「できるかぎりたくさん」考える（**発散**）
② それらの行動に「優先順位」をつける（**収束**）

　少し説明を加えましょう。まず①についてですが、ここでいう行動案とは、マイナスの結果をもたらさない行動のアイデアすべてを指します。や

らないよりはやったほうがいい行動案は、複数考え得るはずです。そのなかには、いかにも効果が出そうなものから、陳腐でいまひとつなものまで、一定の質的な差が含まれるでしょう。

しかし、この段階で大事なのは、行動案の「量」、より正確に言うなら「多様性」です。案の数が多ければ多いほど（発想の範囲が広ければ広いほど）、よりよい案が生まれてくるはずです。しかし、もちろん量が多くても、その種類が多様でなければ、意味がありません。

一方、マーケティングが企業活動の１つであるかぎり、すべての可能な行動を実行に移すことはできません。企業の資源（ヒト・モノ・カネ）には限りがあるからです。よって、複数の行動案のなかから最適なものを選ぶ必要が出てきます。

そのときに避けて通れないのが②の「優先順位づけ」です。行動案のなかに順序をつけることで、まず手をつけるべき最適な行動（またはその組み合わせ）が決定するのです。

この２段階は、それぞれ「①発散」と「②収束」に該当します。マーケティングには「考えること」が要求される以上、このようなプロセスと不可分です。だとすると、マーケティングの定義もまた、「発散→収束」のプロセスを補助するものになっていることが理想的ということになるのです。

だれもが「よく考えました」と嘯く──「天才」と「凡人」を分けるもの

「発散→収束」という２段階のプロセスはもちろん両方大事なのですが、強いて言えば、発散のほうがより重要です。「Ａ／Ｂ／Ｃ／Ｄ／Ｅ」にまでアイデアを広げられた人は「Ｅ」に絞り込む可能性はありますが、発

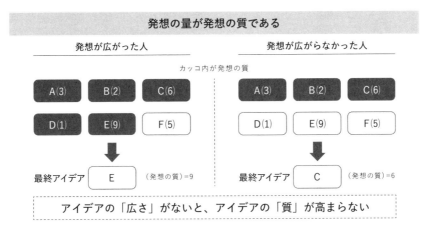

発想の量が発想の質である

発想が広がった人			発想が広がらなかった人		
カッコ内が発想の質					
A(3)	B(2)	C(6)	A(3)	B(2)	C(6)
D(1)	E(9)	F(5)	D(1)	E(9)	F(5)

最終アイデア　E　（発想の質）=9　　　最終アイデア　C　（発想の質）=6

アイデアの「広さ」がないと、アイデアの「質」が高まらない

散が「A／B／C」までで止まってしまった人は、「E」という行動を選び取れる可能性はゼロになってしまうからです。

　まさに「発散なくして収束なし」です。そして、この発散こそがじつはすごく難しい……。凡人が単なるブレストや思いつきだけで発想を広げようとすると、必ず「壁」にぶつかります。そして、なによりも厄介なのは、本人が「壁」にぶつかっていることに気づけないことです。ぜんぜん発想が広がっていないのに、「自分は十分に広く考えた」と思い込んでしまうのです。

　ちなみに、どういうわけかアイデアの発散が異常に得意な人がいます。つまり、ものすごくたくさんのアイデアを考え出し、どんどん発想を広げていけるような人物です。これがいわゆる**天才**です。

　ピカソにしろ、エジソンにしろ、手塚治虫にしろ、天才と呼ばれる人は多作ですよね。彼らは凡人が意図せずぶつかっている「壁」を平気で乗り越えて、いくらでも発想を広げていきます。とんでもないほどの「発散」を実行できるので、そのなかからひときわ輝いているアイデアを拾い上げること（収束）ができる——これこそが天才の秘密なのです。

03

フレームワークの存在意義
──考えモレを防ぐチェックリスト

　マーケターに求められるのは、できるだけたくさんの行動案を出し（①発散）、それに優先順位をつけて最適な行動を選んでいくこと（②収束）でした。そして、多くの人がこの発散のフェーズで課題にぶつかるという話をしてきました。

　では、天才ではない「ふつうの人」がマーケティングを成功させるには、どうすればいいのでしょうか？　どうすれば、うまくアイデアを発散させられるのでしょうか？

「枠組みがあったほうが広く考えられる」という逆説

　じつはここで助けになるのが、いわゆる**フレームワーク**なのです。「どういうこと？」と思った人もいるでしょうか。

　「フレームワークって『枠組み』のことでしょ？　『できるだけ広く考えること＝発散』が大事って言っているのに、わざわざ『枠組み』を持ち出したりしたら、よけいに発想が狭まってしまうのでは？」

　よく聞かれる質問ですが、そんなことはありません。たしかに「枠組みがあったほうが、より広く考えられる」のです。このあたりのメカニズムに関しては、またのちほど第5章で詳述しますが、ここでは4Pを例にして、ごくごくかんたんに説明しておきましょう。

　まずは次のケースに目を通してください。わかりやすさのために、かなり極端な例にしていますが、あしからず。

　ある消費財メーカーの売上が落ちてきたため、新たなマーケティング施策を行うことになりました。

　開発部門の人たちは「トレンドが変わったんだ。商品デザインをリニューアルしよう（Product）」と言いはじめました。一方、セールス部門からは「店頭での陳列状況を改善したほうがいいのでは？（Place）」、宣伝部門からは「商品の認知度が十分ではないのでは？（Promotion）」という声がそれぞれ上がりました。
　社内で検討した結果、やはり商品のリニューアルをすべきだということになり、相当のお金をかけて新たな商品が開発されました。

　ところが、結果は惨敗……。そのメーカーの売上は、一向に伸びませんでした。あとになってわかったことですが、商品が売れなくなった原因は、競合商品が値下げを仕掛けてきたことにあったのです（Price）。

凡人の発想には必ず「見落とし」が存在する

　さて、このメーカーの敗因が、発散の失敗にあることを読み取れたでしょ

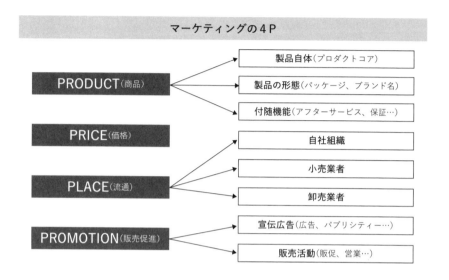

マーケティングの4P

PRODUCT(商品)
- 製品自体(プロダクトコア)
- 製品の形態(パッケージ、ブランド名)
- 付随機能(アフターサービス、保証…)

PRICE(価格)

PLACE(流通)
- 自社組織
- 小売業者
- 卸売業者

PROMOTION(販売促進)
- 宣伝広告(広告、パブリシティー…)
- 販売活動(販促、営業…)

うか。行動案が「価格戦略」にまで広がっていかなかったため、収束のフェーズでも最適な行動がとれていないのです。

　天才ではないふつうの人は広く考えたつもりでも、どうしても考えモレが出てしまいます。とくに、自分が抱える仕事の視点にとらわれ、その範疇内でどう行動しようかと考えてしまいがちです。

　では、こういう見落としを防ぐためには、なにが必要なのでしょうか？
　よく「既存の枠組みを捨てて、柔軟に発想しましょう」みたいなことを言う人がいますが、これはまず実行不可能です。枠組みが見えていないまま考えたからこそ、さきほどの消費材メーカーは発想を広げられなかったのです。枠組みが見えてないのだから、それを捨てようがないわけです。発散力が異常に高い天才でもないかぎり、凡人が丸腰で思考を広げようとすると、必ずこういう失敗が起きます。

　これを防いでくれるのがフレームワークです。たとえば、彼らが4Pと

いうフレームワークを参照していれば、どうだったでしょう？　各部署から商品（Product）、流通（Place）、販売促進（Promotion）についての施策が上がってきたとき、このフレームワークがあれば、自分たちの発想が「価格（Price）」にまで広がっていないことに気づけたはずなのです。

「思いつきの壁」を克服するチェックリスト

　すぐれたフレームワークは、広く考える（＝できるだけたくさんのアイデアを出す）ときの**チェックリスト**として機能します。

　フレームワークがあることによって、自分がどのエリアについて考えたのかを点検し、どのエリアにまだ考えが及んでいないかを発見できるからです。こうして、アイデアが広がりきっていかない発散の問題をクリアする際の手助けになってくれるのです。

　これが冒頭に書いた「枠組みがあったほうが、より広く考えられる」ということの真意です。つまり、自分たちの思考の枠組みを「意識」できていたほうが、発想は広がりやすくなるということです。逆に、枠組みが「無意識」なものにとどまっているときには、必ず思考の「見落とし」が生まれます。ビジネス上のフレームワークは、具体的なケースを代入すれば正解が出てくるような公式ではなく、あくまでも発想を広げたり考えモレを防いだりするための補助ツールなのです。

04

既存の「マーケティングの定義」
を見てみる

少し話が込み入ってきたので、ここまでの流れを確認しておきましょう。

① マーケティングの定義は「最適な行動」を決める助けになること
　が望ましい
② 最適な行動には「行動案の発散」と「優先順位づけによる収束」
　の2段階が不可欠
③ 2段階のうち、とくに課題になるのが「発散（＝広く考えること）」
④ 広く考えるうえでは「フレームワーク」が有効

　このあたりのロジックは、本書にとって非常に大事なのですが、なかなかすぐには理解できないところもあると思います。企業研修などをする場合は、この点をつかんでもらうために丸2日をかけることもありますし、大手企業の幹部クラスでさえ頭を抱えながら授業を受けます。
　ひとまずは「定義って大事なんだな」という部分を押さえつつ、このまま先に進んでいきましょう。最後まで読んだあとで、この01〜03節を読み返していただくと、より体系的な理解につながると思います。

マーケティングの「いい定義」とは？──4つの評価基準

「思考のチェックリスト」としてのフレームワークの話をしてきましたが、じつのところ、**定義**そのものが１つのフレームワークにほかなりません。「定義（definition）」はラテン語の definitio に由来し、これは「de-（完全に、徹底的に）」という接頭辞と「finis（終わり、境界線）」という名詞から構成されています。つまり、なにかを定義するということは、その枠組みや境界線をはっきりさせることにほかならないのです。

　そのような観点で見たとき、マーケティングの「いい定義」の基準はどんなものになるでしょうか？　これについていくつか考えてみました。

① 普遍的であるか

　これは被定義項がマーケティングであろうとなかろうと、関係ありません。「定義」の定義上、それがあらゆるものにあてはまるべきなのは当然です。ですから、マーケティングの定義は、あらゆるマーケティングの行動にあてはまらなければ困ります。

② 構成要素が必要十分である限りにおいて具体的か

　これもまた「定義」の定義から自明です。定義はそれ自体がフレームワークであり、広く考えること（発散）を助けるようなものでした。そのためには、定義それ自体の構成要素に抜けがあってはいけませんし、余分があってもいけません。抜けがあれば考えモレが生まれますし、余分があれば余計なことを考えてしまうからです。

　それと同時に、あまりにも抽象度が高いままだと、定義はうまく機能しません。それぞれの構成要素がある程度は細かく区切られている必要があります。とはいえ、区切りがあまりにも細かいと、今度は定義に不可欠な普遍性が失われてしまいます。定義にはそうした具体性が求められます。

③ 構成要素が明確か

　フレームワークとはチェックリストのようなものだと言いました。しかしそのチェックリストがしっかりと機能するためには、「それぞれがなにをチェックしているのか」が明確になっていなければなりません。言い換えれば、境界線がはっきりしていないといけません。チェックリストの枠が明確さに欠けると、無駄なことまで考えてしまうリスクが高まります。

④ 目標が明記されているか

　すでに述べたとおり、マーケティングというのは行動であり、定義をつくるとすれば、それは最適な行動を決めるようにデザインされていることが望ましいと言えます。ここで問題になるのが、最適な行動とはなにかということです。行動の可否を決定するには、目標が必要です。「やったほうがいい行動／やらないほうがいい行動」を分かつ境界線が目標なのです。なので、マーケティングの定義は、マーケティングそのものの目標を内包しているべきです。

「市場創造」がなければ、マーケティングとは言えない？

　マーケティングの定義を知りたいと思った筆者は、執筆に先立って数多あるマーケティング関連図書やインターネット上の情報を調べてみました。しかし残念ながら、ここにそのまま拝借できるような定義は存在しませんでした（もちろんすべてを網羅できているわけではないので、見落としがあってもご勘弁いただきたいですが）。

　なかには「筆者が言いたいこととほぼ同じかも……」と感じさせるものもありましたが、上記の基準を満たしていると言えるようなものはほとんどなく、不十分だと言わざるを得ない定義が圧倒的に多かったのです。

　そのなかからいくつかをご紹介させていただきましょう。

【定義】マーケティングとは、企業および他の組織 [1] がグローバルな視野 [2] に立ち、顧客 [3] との相互理解を得ながら、公正な競争を通じて行う市場創造のための総合的活動 [4] である。

1) 教育・医療・行政などの機関、団体などを含む。
2) 国内外の社会、文化、自然環境の重視。
3) 一般消費者、取引先、関係する機関・個人、および地域住民を含む。
4) 組織の内外に向けて統合・調整されたリサーチ・製品・価格・プロモーション・流通、および顧客・環境関係などに係わる諸活動をいう。

（「日本マーケティング協会」ウェブページより）

　この定義は普遍性（評価基準①）を持っているでしょうか？　たとえば、街の蕎麦屋さんに「グローバルな視野」はあるでしょうか？　グローバルな視野を持たずに営業している小さな蕎麦屋さんには、マーケティングは存在しないということになってしまうのでしょうか？

　また、「マーケティングとは……市場創造のための総合的活動」と書かれていますが、逆に「既存の市場でシェアを伸ばすこと」はマーケティングとは言えないのでしょうか？　たしかに市場を新たに切り開くことに主眼を置く企業もありますが、現実問題、ほとんどの企業が目指しているのは「既存市場におけるシェア拡大」でしょう。あるいは、これも市場の「創造」と呼んでいいということなのでしょうか。

「なにを指すのかはっきりしない言葉」が紛れ込んでいないか？

　もう少し短めの定義も見ておきましょう。ここでの目的は、特定のだれ

かによる定義を槍玉に挙げることではないので、巷によく見られる内容を一般化しています。

> **【定義】**マーケティングとは「顧客満足を軸に『売れる仕組み』を考える活動」である。

　まず「顧客満足を軸に」の意味がやや不明瞭です（評価基準③）。ここは「顧客の満足を目標にして」という意味だと解釈すればいいのでしょうか（評価基準④）。ですが、ほんとうにマーケティングの目標が「顧客の満足」なのだとすれば、その最適な行動は「とにかく安価で商品を売る」ということになってしまわないでしょうか（高い買い物をして自己満足に浸る人は別として、ふつうは安いほうがお客さんはうれしいですから）。しかし、それだと売り手側の利益は限りなく小さくなってしまいます。「売り手側の満足」は考えなくていいのでしょうか（評価基準④）。

> **【定義】**マーケティングとは「儲け続ける仕組みをつくること」である。

　同様に「儲け」が明確ではないと思います（評価基準③）。たとえば「儲け＝経常利益」を意味するのだとすれば、それはそれでおかしなことになりそうです。一般に、経常利益は「企業」の最終目標だとされますから、これは「経営」の定義ということにならないでしょうか？　「マーケティングとは経営そのものだ」みたいなことを言う人もいるかもしれませんが、やっぱり経営のほうが広い概念ですよね。どうしても「マーケティングはそのうちの一部では？」と思えてなりません。

【定義】マーケティングとは「顧客の創造」である。

　これも言葉＝境界線が不明瞭であり（評価基準③）、また具体性にも欠けます（評価基準②）。まず「顧客を創造する」とは？　買い手を単に「増やすこと」と「創造すること」は区別して考えたほうがいいのでしょうか？さらに、他社から買い手のシェアを奪ったとき、それは顧客を「創造した」と言っていいのかというさきほどと同じ疑問も湧きます。

　たとえば、ある商品を値下げすれば、買い手は増えるはずです。これは「顧客の創造」に含めていいのでしょうか？　もし含めていいのであれば、どこまでの値下げが許容されるのでしょうか？　それが判断できるようにはなっていません。なぜ判断できないかといえば、マーケティングの「目標」が定義のなかに組み込まれていないからです（評価基準④）。「顧客の創造」によってなにを実現する行動なのかが記されていないのです。

05

―

本書なりの定義
――すべてのマーケティングを考える起点

　先人たちのマーケティング定義を例に取りながら、それらを検証してきました。残念ながら、こういう定義であるならば、読者のみなさんの記憶に残っていないのも無理はないかもしれません。覚えたところで、とくになにも意味がないからです。

　ですが、人様の定義にケチをつける「後出しジャンケン」は簡単です。そろそろ筆者なりの定義をご紹介することにしましょう。

【定義】マーケティングとは「一定費用の下で、適切な買い手群にとってよりコストパフォーマンス（CP）の高い商品を生み出し、その存在を認知させ、その内容を理解させ、これを送り届けることによって、粗利を最大化する総合活動」である。

　ここからの記述は、この定義に沿って進んでいきます。なるべく本文中でも定義を繰り返すようにしていますが、ここに付箋やブックマークをつけておいてその都度立ち戻っていただくと、議論の迷子になりづらくなると思います。

「わかりやすくてシンプルな説明」を求めているわけではない

　さて、上記の定義を読んでみて、どう感じましたか？　「なんだか長くてわかりづらい」とか「シンプルじゃないから定義っぽくない」とかいう声が聞こえてきそうです。定義を単に「ある言葉を短くシンプルに解説したセンテンス」だと思っている人からすれば、それも無理はありません。

　しかし、われわれがいまマーケティングの定義を追究しているのは、そういう「わかりやすい説明」がほしいからではありません。より質の高い行動を選択できるようになるためには、より多くの行動案を発想することが必要で、そのための土台になるような定義を探しているのです。上記の定義は、そうした観点から吟味しながら、筆者がみずからつくってみたものです。

　ただし、この定義には「普遍性」の点で注釈を加えておくべきでしょう。なぜならこれは、あくまでも企業体としてのマーケティングを念頭に置いたものだからです。つまり、この定義があてはまるのは、企業のマーケティング関連部門（商品企画開発部、調達部、生産部、宣伝部、営業部、マーケティング部などの名で呼ばれる）が従事する活動です。

　さきほどの53ページにあった定義などでは、主語として「企業および他の組織」が置かれており、そこには「教育・医療・行政などの機関、団体などを含む」との注釈がつけられていました。しかし筆者の定義では、企業とは「目標」を異にしているこれらの組織をいったん除外してあります。

「なぜそうだと言えるのか？」——原理をつかむ意味

　再三述べてきたように、この本では「定義はさておき」はあり得ません。

この定義をしっかり反芻していただくことが、マーケターにとって最も有益な学びになると筆者は信じています。ですので、ぜひこの定義を理解して、頭に叩き込んでいただきたいと思っています。

　とはいえ、いきなりこんなわけのわからない一文を見せられて、「とにかく頭に叩き込め！」と言われても困ってしまいますよね。そのお気持ちもよくわかります。

　なので、ここからは、この定義を各パーツごとに細かく分解しながら、それぞれの意味を丁寧に解説していきます。それをたどっていけば、なぜこれこそがマーケティングの定義だと言えるのかをわかっていただけると思います。

　そしてまた、その点さえ押さえてもらえれば、この定義を丸暗記する必要はありません。「頭に叩き込む」というのは、これを一言一句間違えずに記憶するということではなく、背景にある考え方をつかむということなのです。それができれば、結果的に頭のなかにも記憶されると思います。

第 **2** 章

TARGET OF MARKETING

マーケティングの「目標」論

前章の最後でようやく、筆者が考える本書なりの「マーケティングの定義」をご紹介しました。一読しただけでは意味がつかみづらいところがあると思いますし、なぜこれがマーケティングの「原理」だと言えるのかがわかる人もほとんどいないと思います。そこでこの章では、例の定義について「なぜそうだと言えるのか？」の部分をお伝えしていくことにしましょう。

06

マーケティングは
「粗利の最大化」を目指す
──企業の最終目標から考える

【定義】マーケティングとは「一定費用の下で、適切な買い手群にとってよりコストパフォーマンス（CP）の高い商品を生み出し、その存在を認知させ、その内容を理解させ、これを送り届けることによって、**粗利を最大化する総合活動**」である。

あれこれと挿入句が入っているので、ややこしく感じるかもしれませんが、いちばんシンプルに考えてみましょう。中間に入っているあれこれをすべて脇に置けば、この定義は「マーケティングとは……粗利を最大化する総合活動である」というかたちに変換できます。まずはこの部分に絞って考えていきます。

企業が目指す「利益」の構成要素は？

52ページで触れたとおり、マーケティングの定義には「目標」が必要

です。なぜなら、マーケティングとはなんらかの行動であり、その良し悪しを評価するうえでは一定の目標が欠かせないからです。では、マーケティングは、なにを目標に行われるのでしょうか？

　マーケティングが企業活動の一部である限り、その目標は、企業の目標の一部であるはずです。では、企業活動の最終目標はなにか？　もちろん**経常利益**です。

　このあたりの用語について詳しく知りたい方は、会計関連の入門書を参照していただければと思いますが、一応わからない方のために少しだけ説明しておきましょう。

　経常利益は「営業利益」と「営業外利益」から構成されます。

経常利益＝営業利益＋営業外利益

　営業利益とは、企業が本業によってつくり出した利益のことです。ここで言う本業というのは、商品を販売する行為のことですから、営業利益＝販売行為から生じた利益と言ってもいいでしょう。一方、**営業外利益**には、受取利息や配当などが含まれます。なお、本書では**商品**という言葉を「製品」と「サービス」の両方を含む言葉として使っていますので、ご注意ください。

　このうち、営業利益のほうをもう少し細かく分解してみましょう。

営業利益＝売上－直接原価［変動費＋固定費］－販管費［販売費＋一般管理費］

企業が本業によって上げる利益（営業利益）は「**売上－費用**」によって算出されます。しかし、「費用」とひと口に言っても、いろいろなものがありますよね。まずだれもが思いつくのが**直接原価**です。製品をつくったりサービスを成立させたりするための費用ですね。これは「売上原価」とも呼ばれます。

　直接原価にも２種類あります。たとえば「製造設備の減価償却費」のように、製造数量に比例せず一定額がかかるのが**固定費**です。研究開発費や製造部門の人件費などもここに含まれます。
　逆に、製造数量に比例するのが**変動費**です。いちばんイメージしやすいのは、メーカーにおける材料費や電気代などでしょうか。

　ところで、売上から直接原価を差し引けば、その企業が上げた純然たる利益がわかるかというと、そんなことはありません。「売上－直接原価」で算出されるのは**売上総利益**と呼ばれます。
　営業利益を出すには、ここからさらに別の費用を差し引かねばなりません。それがいわゆる**販管費**です。

営業利益＝売上総利益－販管費［販売費＋一般管理費］

　販管費は、販売費と一般管理費とから成ります。**販売費**とは、商品を企画・実現し、買い手に知らせて理解させ、届けるための費用のことです。広告や宣伝にかかったお金のほか、営業マンの人件費などもここに含まれます。
　他方で**一般管理費**とは、その商品にかぎらず、会社全体にかかった費用のことです。人事・総務・経理などの人件費、役員報酬などが含まれてき

ます。これらは直接原価と対比するなら、「間接的な」費用だと言え、いずれも「固定費」としての色合いが強いことがわかると思います。

会社の数字には「変えやすい部分」と 「変えづらい部分」がある

営業利益の内実に注目するならば、企業活動の最終目標である経常利益は、次のように展開できます。

経常利益＝（売上－直接原価［固定費＋変動費］－販管費［販売費用＋一般管理費］）＋営業外利益　…　式A

これをさらに細かく分解するとしたら？　たとえば「売上」の部分は次のようになります。

売上＝単価［単品あたりの販売価格］×販売数量　…　式B

１つ500円のものを年間100万個販売すれば、500円／個×100万個＝売上５億円というじつにシンプルな話です。この売上と同じように、販売数量に応じて変化する部分がありましたね。それが直接原価の一部である「変動費」です。変動費は次のように変換できます。

変動費＝単品あたりの変動費×販売数量　…　式C

式Ａに式Ｂ・Ｃをそれぞれ代入してみます。

経常利益＝（売上［単価×販売数量］－直接原価［固定費＋変動費〔単品あたりの変動費×販売数量〕］－販管費［販売費＋一般管理費］）＋営業外利益

「×販売数量」でくくると、

経常利益＝｛（単価－単品あたりの変動直接原価）×販売数量－（固定直接原価＋販売費＋一般管理費）｝＋営業外利益　…　式D

　このうち、「単価－単品あたりの変動直接原価」の部分は**単品あたりの粗利**を意味しています。これに販売数量をかけ合わせれば、その企業の**粗利**を算出することができます。

粗利＝（単価－単品あたりの変動直接原価）×販売数量　…　式E

　さきほどの「単価＝500円」「販売数量＝100万個」の例で、単品あたりの変動直接原価が300円だとしましょう。単品あたりの粗利は200円

なので、この企業の粗利は2億円（＝200円×100万個）になります。

マーケティングの最終目標＝粗利の最大化
——経常利益アップの3パターン

さて、もう一度、企業活動の「目標」の話に戻りましょう。企業の最終目標は「経常利益（＝営業利益＋営業外利益）」でした。そして、企業の経常利益は、次のような要素で構成されることがわかっています。このとき、企業の経常利益を最大化するには、次の3つの方法が考えられます。

経常利益＝｛粗利－（固定直接原価＋販売費＋一般管理費）｝＋営業外利益

① 「粗利」を増やす
② 「固定直接原価＋販売費＋一般管理費」を減らす
③ 「営業外利益」を増やす

このうち、マーケティングに関係がないのはどれでしょうか？　すぐにわかるのは③です。営業外利益、つまり、受取利息や配当など、本業とは関係のない利益を増やすための活動は、明らかにマーケティング部門が手がけるべき領域ではありません。

また、②についても、マーケティング活動とは言えません。たとえば、研究開発部門スタッフの人件費をカットしたり、宣伝広告の予算を削ったり、採用活動にかける費用を抑えたりといった施策をマーケティング関連部門が担うことはないはずです。41ページで見たとおり、マーケティン

グはあくまでも「売り込む」ための活動であり、「費用を削る仕事」はマーケティング部門の領域外にあるのです。

　だとすると、企業の最終目標である「経常利益の最大化」を実現するうえで、マーケターの行動が関与しうるのは①の領域だけだということになります。マーケティングの目標は**粗利の最大化**なのです。

　本書におけるマーケティングの定義が「粗利を最大化する総合活動」となっているのには、このような背景があります。

07

「使っていいお金」を決めるのはだれか？
——マーケティング費用と組織レイヤー

【定義】マーケティングとは「**一定費用の下で**、適切な買い手群にとってよりコストパフォーマンス（CP）の高い商品を生み出し、その存在を認知させ、その内容を理解させ、これを送り届けることによって、粗利を最大化する総合活動」である。

さて、マーケティングが「粗利を最大化する総合活動」だと言えることは理解いただけたと思います。しかし、上記の強調箇所を見ていただければわかるとおり、マーケターには「一定の費用の下で粗利を最大化する」ことが求められます。これがどういうことなのかについて、もう少し掘り下げてみましょう。

「マーケティング費用」とはなんだろうか？

まず、結論から言えば、ここで言う「一定の費用」というのは、「固定

直接原価」と「販売費」のことを指しています。67 ページで見たとおり、企業の経常利益を最大化するうえでは「②『固定直接原価＋販売費＋一般管理費』を減らす」という方法も考えられます。しかし、これらの費用総額そのものをコントロールすることは、マーケターの領分にはありません。あくまでも与えられた額のなかで、その使いみちを考えるのがマーケティング部門の仕事なのです。

　さらに、この 3 つの費用のうち、「売り込む」という行為の結果を左右するのは、固定直接原価と販売費です。「固定直接原価」＋「販売費」が、いわゆる**マーケティング費用**だということになります。

　もちろん、使い方しだいでは、一般管理費がマーケティング的な仕事に関係してくるケースも、まったく想定できないわけではありません。たとえば「人事部に対する投資を行って営業マンの評価システムを刷新し、そうすることで営業マンのモチベーションを高めて売上アップにつなげる」というような施策です。しかし、それらはかなりかぎられたケースだと思いますので、ここでは「マーケティング費用＝固定直接原価＋販売費」と理解しておけばいいでしょう。

マーケターの仕事で「ない」もの

　用意された一定の費用の範囲内で、その最善の使い方を考え、粗利を最大化することを目指す——これがマーケターの仕事ということになります。

　たとえば、どんな媒体を選択して、どんな中身の広告を打つのかを決めるのはマーケティングの範疇ですが、使える広告費の予算総額を決めるのはマーケティングではありません。どんな営業マンを採用し、どう配置するのかを決めるのは重要な業務ですが、営業マンの総人件費予算はすでに

決まっています。

　だとすると、その「マーケティング費用の総額」を決定するのはだれの仕事なのか——？　結論から言うと、それは1つ上のレイヤー（層）の活動です。一マーケターの仕事は、あくまでもその上部レイヤーから割り振られた費用の範囲内で実行されます。

　つまり、本来的な意味で言えば、マーケティング費用の決定そのものは、マーケターの仕事ではありません。ここは混乱が起きやすいところですので、ちょっと例を使って説明しておきましょう。

　まず、あるメーカー組織に、すべての製品を統括しているマーケティング部長がいるとしましょう。その下には、製品群Aを担当する課長、製品群Bを担当する課長、製品群Cを担当する課長の3人が配置されています。さらにそれぞれの課長の下には、現場のマーケティング部員が複数人います。製品群Aを扱う課長の下には、A_1を担当する部員、A_2を担当する部員……という具合です。

　さて、いま問題になっているのは、マーケティング費用でした。部長はA・B・Cの製品群にそれぞれどれくらいの費用を使っていいのかを決定して各課長に伝達します。すると今度は課長が、担当製品群の各商品について、マーケティング費用を割り振っていきます。部員たちはこうして割り振られた総費用の範囲内で、どの媒体にいくらの広告費を割くとか、CM制作にいくら使うかなどを決めていくわけです。

　ここで注意してほしいのは、マーケティング部長もこれらの費用が全体でいくらになるかを自分で決定しているわけではないということです。自社製品のマーケティング費用総額を決定するのは、経営者の役割です。マーケティング部長もまた、与えられた「一定の費用の下で」粗利を最大化できるような使い方を考えているのです。

「費用総額の決定」がマーケティング業務だと誤解される理由

　このように、マーケティング業務は通常、上の層から割り振られた一定の費用の使い方を決め、それを実行していくという側面を持っています。

　ただし、ここでややこしいのが「使い方を決める」ことそれ自体が、さらに下の階層への「費用の割り振り」でもあるということです。その意味で言うと、「下の階層に対するマーケティング費用の割り振り」それ自体も、ある種の「マーケティング」だと言えなくもありません。

　よく「マーケティングこそ経営である」というようなことを言う人がいます。これがどういうつもりの発言なのか、筆者は定かにはわかりかねるのですが、「経常利益の最大化を目標にしたマーケティング費用の割り振り」という意味では、たしかに経営者もまた、この意味でもマーケティングをしていることにはなるでしょう。

　また、組織階層がそれほど整っていない中小企業などではとくに典型的ですが、いくつかのレイヤーの業務を一人が兼任しているケースもあります。その場合は当然、自分で費用総額を決めて、そのあとに割り振りを決めることになります。

　こうした事情があるため、多くの人が「マーケティング費用総額の決定」もまた、マーケターの仕事であると考えてしまっているのではないでしょうか。

　しかし、原則論から言えば「トータルでいくら使っていいのか」を決めることはマーケティングの領域にはなく、あくまでも許された費用総額のなかで「なににいくらを割り振るのか」を考える行為だということになります。これが定義における「一定の費用の下で」の意味です。

08

なにが「買おう」と思わせるのか？
——コストパフォーマンス①

　さて、ここまででマーケティングの定義の中核部分が明らかになりました。すなわち、マーケティングとは「一定費用の下で、粗利を最大化する総合活動」です。与えられたマーケティング費用の範囲内で、その割り振りに知恵を絞ることで、できるかぎり大きな粗利（＝単品あたりの粗利×販売数量）を生み出すのがマーケターの仕事なのです。

　でも……どうやって？　その「どうやって」の中身を記述したのが、定義の残りの部分です。そのうち、まずは下記の強調部分を解明していくことにしましょう。

　【定義】マーケティングとは「一定費用の下で、適切な買い手群にとってよりコストパフォーマンス（CP）の高い商品を生み出し、その存在を認知させ、その内容を理解させ、これを送り届けることによって、粗利を最大化する総合活動」である。

　ここでのキーワードは、**コストパフォーマンス**です。一定費用の下で粗利を最大化しようとするとき、カギになるもの——それがコストパフォー

マンスなのです。

　すでに予告しておいたとおり（35 ページ）、コストパフォーマンスは本書全体にとっても非常に重要な概念です。とはいえ、ちょっと長いのでここからは「**CP**」と記載することにしましょう。

購買の意思決定は「CP」が軸となる

　さて、CP とはなにか——？　ふだんの生活のなかで「コスパ」という言葉を使用したり、耳にしたりしたことがある人も多いと思います。「この商品はコスパがいい」とか「会社の忘年会はコスパが悪い」とか言われれば、なんとなくの意味がつかめるはずです。本書でも基本的にはこの延長線上で CP を理解していますが、もう少し言葉の輪郭をはっきりさせておきたいと思います。

　マーケティングの目標は「粗利の最大化」でした。そして、粗利を生み出すためには「売上」が欠かせません。売上の源泉はなにかというと、それは「その商品がどれだけ売れたか（販売数量）」です。商品が売れるためには、買い手を獲得しなければなりません。買い手があなたの商品を「買おう！」と決断して初めて、売上が生まれ、粗利が生まれます。

　では、買い手による購買の意思決定は、どのように下されているのか？　人がなにかを「買おう！」と判断するとき、そこにはどういう「軸」が存在しているのか？

　その判断軸こそが CP なのです。もちろん買い手は、なにかを買うたびにそれを明確に意識しているわけではないかもしれません。あくまでも「言われればたしかにそうだ」というレベルなのかもしれません。

　そうではあるにせよ、「負担するコストに対してどれくらい大きなパフォーマンスを得られるか」という観点なしには、人がなにかを買うという行為を説明できないはずです。その意味で筆者は、「コストパフォーマンス（CP）こそが、購買を決めるときの最も普遍的な判断軸である」と考えているわけです。

　とはいえ、筆者が主だったマーケティング関連書籍を調べたかぎり、CP の概念を中心に据えている専門家に出会うことはできませんでした。筆者の研修受講者はもちろん、ビジネスの世界に通じた友人・知人なども含めて 500 人ほどにも意見を聞いてみたところ、「CP こそが購買意思決定の判断軸である」という考えに対して、ほぼすべての人から「そのとおりだと思う」または「よく考えるとたしかに……」といった回答をもらっています。
　ただし序章でも断っておいたとおり、この概念は、筆者が「自分を掘る」なかで行き着いたものであることには変わりありません。もし CP を超える普遍性を持った概念を見つけたら、ぜひ教えていただけるとうれしいです。

「費用」と「コスト」を区別する理由

　CP はコストあたりのパフォーマンスを示しますから、「パフォーマンス÷コスト」の商として表現されます。

コストパフォーマンス（CP）＝パフォーマンス÷コスト

では、このときのパフォーマンスとかコストというのは、なにを意味しているのでしょうか？　まずは**コスト**のほうに注目してみましょう。

　最初にくれぐれも注意いただきたいのは、ここで言うコストは、あくまでも買い手にとってのコストであるということです。すでに06・07節でさまざまな**費用**に言及してきましたが、それらはすべて企業（＝売り手側）が負担するものでした。しかし、商品のCPにおいて問題となっているのは、買い手が商品のパフォーマンスを受け取るまでに負担せねばならないコストのことです。

　本書ではこの点を区別するために、売り手側が負担するものを「費用」、買い手側が負担するものを「コスト」と呼ぶことにします。これはあくまでもわかりやすさのための便宜的な区別であり、単語そのものがそうした意味の違いを持っているわけではありません。

　では、買い手が負担することになるコストとは、なんでしょうか？　だれもがすぐに思いつくのが商品の「代金」です。実際、その商品の「価格」は買い手が負担するコストの大部分を占めていると言えるでしょう。これを**価格コスト**と呼びます。

代金だけが「コスト」ではない――到達コスト

　一方、買い手がなにかを購買する際に支払っているのは、価格コストだけかというとじつはそんなことはありません。たとえば、ある限定商品を購入するために、隣町まで歩いたり電車に乗ったりしなければならないとすれば、一定の労力や電車賃がかかります。また、その商品を手に入れるまでには、それ以外にもさまざまなコストがかかっているはずです。このように、商品の効能を享受するまでにかかるコストのことを**到達コスト**と

いいます。そして、この到達コストのうち、効能を享受するまでにかかる労力が**労働コスト**、それに付随するお金（たとえば電車賃や送料）が**付随コスト**です。

　ここで、まず注意しておきたいのは、労働コストといえども、それがコストであるかぎりにおいては「金額」に換算可能であるということです。労働コストは以下のように算出できます。

労働コスト＝時給×商品の効能を享受するまでにかかる時間

「商品の効能を享受するまでにかかる時間」でいちばんわかりやすいのは、商品を手に入れるまでの時間でしょう。それ以外にも、たとえばなにか新しいデバイスやソフトウエアを購入した場合、その操作方法を習得するまでにかかる時間なども労働コストに関わると言えます。操作に慣れるのに１週間かかる機器と10週間かかる機器があった場合、もし両者の価格（貨幣コスト）が同じだとしても、労働コストが異なるため、後者のほうがよりコストが大きい商品だということになります。

コストはすべて「カネ」に換算できる

　一方で、たとえ「商品の効能を享受するまでにかかる時間」が同じだとしても、その時間を費やすのが「だれ」なのかによって、労働コストは変化します。これは、人によって「時給」が異なっているからです。

　時間を費やす主体は「買い手自身」とはかぎりません。「ほかのだれか」

に労働を肩代わりしてもらうようなケースもあるからです。その場合には、代わりに働いてくれる人の時給が問題になります。

　時給1万円のAさんが、取引先のオフィスになにか届けものをするようなケースを考えてみましょう。そのオフィスに徒歩で行けば、当然お金はかかりませんが（付随コスト＝0円）、往復で90分がかかります。また、タクシーで往復すると、15分の時間と2,000円の料金（付随コスト）がかかるとします。

　他方で、時給1,000円のBさんにお使いを頼むとどうなるでしょうか？Aさんよりもかなり時給が低いBさんに動いてもらえば、トータルのコストはかなり抑えられるはずです。それぞれの到達コストは次のとおり。

（Aさんが徒歩）
15,000円＝料金0円＋労働コスト15,000円［1万円／時×1.5時間］
（Aさんがタクシー）
4,500円＝料金2,000円＋労働コスト2500円［1万円／時×0.25時間］
（Bさんが徒歩）
1,500円＝料金0円＋労働コスト1,500円［1000円／時×1.5時間］
（Bさんがタクシー）
2,250円＝料金2,000円＋労働コスト250円［1000円／時×0.25時間］

　到達コストの観点から見ると、この場合は時給が低いBさんに歩いて届けてもらうのがいちばん安上がりだということになります。

　さて、内容をまとめておきましょう。

商品のコスト＝価格コスト＋到達コスト

［**ポイント①**］買い手が負担するのは「価格コスト」だけではない
［**ポイント②**］到達コスト＝労働コスト＋付随コスト
［**ポイント③**］いずれも「金額」に換算できる

　もちろん、CPを判断する際には価格コストが大部分を占めているのですが、たとえ商品の値段が同じであっても、この到達コストの大小が買い手の選択に大きな影響を与えます。
　そのことは、アマゾンを筆頭とするECサイトの成功を見れば明らかでしょう。しかも、ECサイトは価格の安さの点でも、実店舗に勝っていることも少なくありませんから、彼らが競争力を持つのはなおさらです。

09

商品の価値は「属性」から
生まれる
──コストパフォーマンス②

　コストの意味についてはひととおり見てきたので、今度は**パフォーマンス**のほうに注目してみましょう。

　パフォーマンスとは、その商品が持つ「属性」によって生み出される「効能の価値」の総量であり、買い手がその価値に対して支払ってもいい「金額」として表されます。

買い手が見出す「価値」はさまざま

　商品はさまざまな性質を持っています。日本語だと**属性**ですが、英語では大きく２種類に分けられます。まず、自動車の「最高速度」「燃費」「ボディカラー」「車内の快適さ」といった属性項目は **Attribute** と言われます。これに対して、それぞれの Attribute が持つ「値」のほうは **Property** と呼ばれます。たとえば「最高速度」という Attribute に対して、「200km/h」とか「150km/h」という Property があるという具合です。

　すぐれたマーケターは、買い手が求めている属性をうまく分解したり翻

訳したりしています。たとえば自動車の場合、「車内の快適さ」という Attribute は、「車内空間の広さ」「シートの座り心地」「車内温度」などの より小さな Attribute に分解できます。また、ワインの「万人受けする飲 みごたえ」のようなあいまいな属性も「アルコール度数 13.5 〜 15％」や「ポ リフェノール含有量 500mg/100ml」といった Property に翻訳することで、 よりパフォーマンスの高い商品を実現できるようになります。

　ここで重要なのは、商品が同じであっても、買い手が異なればその商品 のパフォーマンスも違ってくるということです。なぜこうしたことが起き るかと言えば、それは買い手によって、求めている属性がバラバラだから です。
　車で言えば「燃費」という Attribute に大きなウエイトを置いている買 い手もいれば、どうしても「車内空間の広さ」のほうにこだわりたい買い 手もいるでしょう。重視するポイントが違えば、その車に感じる価値も違っ てきます。

パフォーマンスを決めるのは「買い手」

　しかも、買い手が商品に求める属性には、さまざまな種類があるのがふ つうです。たとえば、軽自動車を求めている買い手であれば、「燃費のよさ」 「運転しやすさ」「車内の快適さ」……などに注目しているでしょう。これ らの Attribute は決して横並びではなく、それぞれをどれくらい重視する かによってウエイトづけがなされています。
　そして、それぞれの Attribute に関して、買い手は一定水準の Property を求めています。「燃費は少なくとも 20km/L くらいであってほしいな」 とか「これくらい小回りがきいてほしいな」という具合です。買い手は、 いわばそれぞれの項目の点数を足し上げることによって、その商品の価値

を見極めて「払ってもいい金額」を決めています。

　ここからわかるとおり、商品のパフォーマンス（価値）を決めるのは、あくまで買い手です。売り手（商品提供側）がそれを決めるのではないのです。

　気をつけなければならないのは、Propertyの値が2倍になったからと言って、商品のパフォーマンス（それに払っていい金額）が2倍になるとはかぎらないということです。価値の大きさは、どこまでも買い手の主観に依存しており、買い手の認識をもとに判断されるものだからです。ですから逆に、Propertyが2倍になることで、パフォーマンスが5倍に跳ね上がるようなこともあるでしょう。

　たとえば、かつては携帯電話のカメラ機能において「画素数」というAttributeがクローズアップされていた時代がありました。しかし、最近はテレビCMでも画素数の情報をもとに訴求していることはまずありません。これ以上画素を増やしても、多くの買い手にとってはパフォーマンス向上につながらないところまで技術が進歩してしまっているからでしょう。

　オオクワガタブームの際に耳にした話ですが、クワガタマニアのあいだでは、オオクワガタはサイズが大きいほど価値が高いとされるそうです。全長8センチまでは「1センチあたり1万円」であるのに対し、8センチを超えたところからは「1ミリあたり1万円」という相場になるのだとか。正確なところは詳しい人に聞いていただければと思いますが、これもまたPropertyの伸びがパフォーマンスの伸びと正比例しないケースだと言えるでしょう。

「機能性パフォーマンス」と「情緒性パフォーマンス」
——利便性と心地よさ

　商品が持っている属性は、買い手にとっての価値を生み出します。これが商品のパフォーマンスです。

　ところで、より細かく分解するならば、商品のパフォーマンスは、大きく3つの要素によって決定されています。

① 機能性パフォーマンス
② 情緒性パフォーマンス
③ 効能を享受するまでにかかる時間の短さ

　たとえば、工具のキリを購買する人は「木材などに穴を開ける」という目的を持っています。そうした買い手にとっては、「木材などに穴を開けることができる」というキリの機能こそが、この商品の価値の源泉になっています。このように、商品が持つ物理的な属性によって生み出される価値を**機能性パフォーマンス**といいます。

　電動ドリルもまた同様に、「木材などに穴を開けられる」という機能性パフォーマンスを持っており、しかもそれはキリよりも高度なパフォーマンスだと言えます。また、ハンドバッグであれば、ものを入れて持ち運べることが機能性パフォーマンスの中核になります。

　これらはすべて、買い手にとっての利便性が価値を生み出しているケースだと言えるでしょう。そして、たいていの場合、機能性パフォーマンスを生み出す属性は、定量化（数字で表現すること）が可能です。

　一方で、同じハンドバッグであっても、それがブランドもののバッグで

あれば、その価値の源泉をバッグとしての機能だけに求めるわけにはいきません。そのブランドバッグを所有していることで「誇らしい気持ちになれる」「おしゃれな人に見える」という点もまた、この商品の大きな価値だからです。

商品のブランドやデザインといった心理的な属性が生み出す価値のことを、**情緒性パフォーマンス**といいます。これらにおいては、買い手にとっての「心地よさ」が価値につながります。そのため、どこまでも定性的なものであり、機能性パフォーマンスのように数字で表現することができません。

エルメスのバッグや、パテックフィリップの腕時計のなかには、正規店の店頭には並んでおらず、非正規店で定価の2倍以上の値がついているようなものがあります。これは、商品の希少性が「私しか持っていない」という優越感につながるからです。情緒性パフォーマンスの高さが価格にも反映されている例だと言えるでしょう。

ちなみに「ブランドの神様」と言われる**デービッド・A・アーカー**（カリフォルニア大学バークレー校名誉教授）は、機能価値（機能性パフォーマンス）、情緒価値（情緒性パフォーマンス）と並んで、**自己表現価値**を挙げています。つまり、自分らしさを表現できるような属性もまた、商品の価値を形成しているのではないかということですね。

これは、どう解釈すればいいのでしょうか？　購入した商品によって自己表現を行い、他者から一定の認知を得ようとすることは、だれしも経験があることだと思います。たとえば、ブランド品を身につけることで、社会的ステータスがある人だと思わせるようなケースです。

しかし筆者は、これは情緒性パフォーマンスの一種ではないかと考えます。なぜならこうした自己表現は、最終的にはなんらかの心地よさを生み出すことで価値につながっているはずだからです。他人の目を必要とするような情緒価値（つまり、自己満足ではないような情緒価値）のことを、アー

カーは特別に自己表現価値と呼んでいるのではないでしょうか。

「ほしいときが買いどき」
——商品のパフォーマンスを決める「第3の要素」

さて、機能性パフォーマンスと情緒性パフォーマンスについて見てきました。ただし、商品の価値はこの2つだけでは決まりません。ここで大きく影響してくるのが**時間**です。

たとえば、機能性パフォーマンスと情緒性パフォーマンス、さらにはコスト（価格コスト＋到達コスト）がまったく同じ商品Aと商品Bがあったとしましょう。この時点では2つの商品のコストとパフォーマンスには、なにも差がありません。

しかし、商品Aは明日すぐ手に入るのに、商品Bのほうは3カ月後の入荷まで待たなければならないとしたらどうでしょうか？ 買い手は間違いなく商品Aを選ぶはずです。

これは、なぜでしょう？ もちろん、商品Aのほうがパフォーマンスが高いと判断されたからです。ここからもわかるとおり、**効能を享受するまでにかかる時間の短さ**もまた、その商品の価値を大きく左右します。これはおそらく、「いまほしい」商品だからといって、「3カ月後にも同じくらいほしい」保証がないからでしょう。まさに「ほしいときが買いどき」なのです（77ページで紹介した「商品の効能を享受するまでにかかる時間」と似ていますが、これは労働コストの話です。こちらはパフォーマンスに影響する要素なので、混合しないように）。

この時間の短さによって商品のパフォーマンスを高めた古典的な例といえば、アパレルメーカーのベネトンです。当時、ベネトンは色のついた毛糸を使うのではなく、ニットを編み上げてから後染めするという生産方式

を取り入れることで、さまざまな色のニットが即座に手に入るようにしました。アパレル商品はその特性上、とくに「着たいときが買いどき」なので、当時は大いに評価されたようです。

　以上の内容をまとめると、商品のパフォーマンスは以下によって決まると言えます。

商品のパフォーマンス ＝（機能性パフォーマンス＋情緒性パフォーマンス）×効能を享受するまでにかかる時間の短さ

　ちなみに、最後の部分が「×」であって「＋」になっていないのは、「効能を享受するまでにかかる時間の短さ」が、前者2つのパフォーマンスと統合できる軸上にはないからです。極論を言うなら、前者2つが抜群の商品であっても、価値を享受できるのが100年後だとしたら、その商品のパフォーマンスはかぎりなくゼロに近づくことになります。

10

購買意思決定につながる CP の高め方

　CP の構成要素であるコストとパフォーマンス、それぞれの意味について見てきました。

　では、今度はいよいよ、購買意思決定において CP がどのように作用しているのかに踏み込んでいきましょう。「CP が『買おう!』の判断軸になる」というのは、どういうことなのでしょうか?

「購入検討の俎上」に載るための 3 つの条件

「買おう!」という意思決定が成立するには、少なくとも次の 3 つのラインを超えていなければならないはずです。

- ① 「手に入れてもいい」のライン
- ② 「買える」のライン
- ③ 「買ってもいい」のライン

まず、①「手に入れてもいい」のラインです。これは、買い手が商品に求めているパフォーマンスの「最低ライン」だと言い換えられます。

　買い手が商品を求めているのは、一定の効能を求めているからですが、その達成水準があまりにも低い商品は、そもそも購買検討の俎上に載りません。どれだけ価格が安かろうと、効能を感じられないものは「価値がある＝手に入れてもいい」とは判断されないのです。

　当然ながら、人によって求める属性が違う以上、求めるパフォーマンスの最低ラインは、人によってまちまちとなります。

　次の②「買える」のラインは明確です。これは許容できるコストのラインであり、いわゆる「ない袖は振れない」というやつです。いくらその商品のパフォーマンスが高くても、コスト（主に価格コスト）があまりにも高くなると、人はそもそもCPの良し悪しを判断できません。

　たとえば、スペース・アドベンチャーズ社の提供する22億円の宇宙旅行は、ふつうの人にとってはCPが高いのか低いのか、もはやよくわかりません。「買える」のラインを大きく上回ってしまっているので、そもそも「買おう！」という意思決定が生まれ得ないのです。

　この「買える」のラインは以下によって算出されるため、人によって異なります。

「買える」のライン＝その人の可処分所得×特定の効能のマインドシェア

　前者（可処分所得）はその人の収入・資産に大きく影響を受けます。大金持ちであれば、多少の高額でも気にしないので、「買える」の基準は高

くなります。

　また、後者（特定の効能のマインドシェア）はその人の趣味嗜好だったり価値観だったりに影響を受けます。「いつか宇宙旅行に行きたい」という夢を強烈に抱いていたり、無類のワイン好きだったり、「家族の喜ぶ顔が見たい」という思いを持っている人は、多少の無理をしてでもそれらにお金を出そうとしますから、特定の属性を持つ商品に対しては「買える」のラインが高くなるわけです。

　そして、最後に来るのが③「買ってもいい」のラインです。これは**CPライン**と呼んでもいいでしょう。

　ある商品Ａのパフォーマンスが１万円だとします。つまり、Ａが提供する価値に対して、あなたは「１万円なら出してもいい」と感じているということです。ところが、Ａを手に入れるのにかかるコスト（＝価格コスト＋到達コスト）が２万円だったらどうでしょうか？　この商品ＡのCPは以下のようになります。

> 商品ＡのCP ＝ １万円（パフォーマンス）÷ ２万円（コスト）＝ 0.5

　費やしてもいいと感じる額が最大１万円なのに、２万円出さないと手に入らないようなものは、ふつうだれも購買したがりません。逆に、１万円分のパフォーマンスがあるのに、5,000円のコストで手に入るようなものであれば、それは「買ったほうがいい商品（＝お買い得な商品）」だということになります（CP ＝ 2.0）。

　横軸にコスト、縦軸にパフォーマンスをとったとき、両者が釣り合う右肩上がりの45度線が「CPライン」にあたります。CPラインより上に存在する商品（CP ≧ 1.0）はすべて、コストよりもパフォーマンスが高い

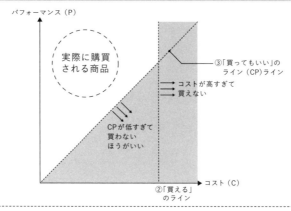

「買おう！」という意思決定が成立するには？

パフォーマンス（P）

実際に購買
される商品

③「買ってもいい」の
ライン（CP）ライン

コストが高すぎて
買えない

CPが低すぎて
買わない
ほうがいい

②「買える」
のライン

コスト（C）

これらのラインを超えないと購入候補にすらならない

商品、すなわち「買ってもいい」商品です。逆に、その線よりも下にある
もの（CP<1.0）は、コストとパフォーマンスが見合わない「買わないほ
うがいい」商品ということになります。いくら①「手に入れてもいい」と
②「買える」のラインを超えていても、③「買ってもいい」のラインを超
えていなければ、その商品が購買されることはまずあり得ません。

コストを下げる —— CPを高める方法①

　買い手が「買おう！」という意思決定を行ううえでの必要条件をご紹介
しました。これには3つの条件がありますが、最終的にその商品は「CP
ライン」すなわち「買ってもいい」のラインを超えている必要があります。
　では、このラインを上回るよう、商品のCPを高めるには、どんなこと
が必要でしょうか？　CPは「パフォーマンス÷コスト」の商ですから、
CPを高めるには2通りの方法が考えられます。

① コストを小さくする
② パフォーマンスを大きくする

　まず、分母であるコストを小さくする方法です。コストを下げるために
は「価格コストを下げる」か「商品の効能を享受するまでにかかるコスト
を減らす（＝到達コストを下げる）」のどちらかです。

　ただし、多くの場合、よりウエイトが大きいのは価格コストのほうでしょ
う。逆に、到達コストの低減が CP に作用し、買い手の意思決定に影響し
てくるのは、価格コストやパフォーマンスといったその他の条件がほとん
ど同じ場合です。

　この視点で見ると、アマゾンなどの EC サイトの成功はここにあると言
えるでしょう。とりわけ流通業においては、競合が取り扱っている商品と
自社が取り扱っている商品に、大きな差がありません。変えられる部分と
言えば、到達コストくらいです。アマゾンは、わざわざ買い物に出かけて
製品を持ち帰るコスト（買い手の到達コスト）を減らすことで、商品の
CP を高めたと見ることができるわけです。

パフォーマンスを上げる —— CP を高める方法②

　では、分子であるパフォーマンスを大きくして、CP を高めるにはどう
すればいいでしょうか？　86 ページで見たとおり、商品のパフォーマン
スは「（機能性パフォーマンス＋情緒性パフォーマンス）×効能を享受す
るまでにかかる時間の短さ」で決まりますから、パフォーマンスを大きく
するには、次のいずれかの方法があります。

① 機能性パフォーマンスを高める

② 情緒性パフォーマンスを高める

③ 効能を享受するまでにかかる時間を短くする

　アマゾンはこの③においても勝者だと言えます。巨大な倉庫や流通管理システム、さらにはマーケットプレイスでの出品といった仕組みを導入することで、商品の欠品を防ぎ、さらには「当日お急ぎ便」のようなサービスを提供しました。これは、商品が手に入るまでの時間を短縮することで、商品のパフォーマンスを高めるための施策だと言えます。

　他方、商品の価値として、多くの人が考えるのが①の機能性パフォーマンスでしょう。たとえば軽自動車の場合であれば、ひと口に機能と言っても、「燃費のよさ」「車内空間の広さ」「ステアリングのよさ」などさまざまなものが含まれます。

　価値の高い商品をつくろうとするとき、われわれはよく、1つの機能的な価値の軸（Attribute）だけにとらわれてしまいがちです。たとえば、「燃費」軸における競争だけにとらわれ、競合他社よりもいかに燃費のいい軽自動車をつくるかばかりを考えてしまうようなケースです。

　また、もう1つ陥りがちなのが、機能性パフォーマンスばかりを追い求めてしまい、その商品が持っている情緒性パフォーマンスを軽視してしまうという失敗です。

　たとえば、従来のトラクターでは「畑を耕す」という機能性パフォーマンスが重んじられてきましたが、ヤンマーは「乗っているとカッコいい」という情緒性パフォーマンスを提供して、商品のCPを高めることに成功しました。これは84ページで見た、アーカー教授の言う自己表現価値の

典型だとも言えるでしょう。競合他社がトラクターに発見できないでいた「嗜好品としての要素」にいち早く気づき、CP の高い商品を提供して一気に買い手を獲得した例です。

　ワークマンなども同様です。肉体労働をする人の作業着においては、機能性パフォーマンスばかりが注目されがちでしたが、ワークマンは「カッコいい作業着」をつくることで、他社製品よりも圧倒的に高い CP を実現することができたのです。さらに興味深いことに、ワークマンは情緒性パフォーマンスが重視されるアパレルの分野に、さまざまな機能性パフォーマンス（「動きやすい」「保温性」「防水性」など）を持ち込むことで、一般の買い手にとってもコスパ最強のファッションブランドとなることに成功しました。

　このように、パフォーマンスの軸を変える方法については、のちほどもう少し詳しく扱いたいと思います（216 ページ以降）。ここではひとまず、CP を高めるにはコストを下げるか、パフォーマンスを上げるかのどちらかが必要であり、後者にはいくつかのやり方があるということだけ押さえておいていただければと思います。

第 **3** 章

———

BATTLEFIELD OF MARKETING

マーケティングの「戦場」論

前章では、マーケティングの中核が「一定費用の下で、粗利を最大化する総合活動」であり、そのためには「よりコストパフォーマンス（CP）の高い商品」を生み出す必要があることを確認しました。しかし、それだけをやっていてもマーケティングは成功しません。なぜなら、商品を売るときには、ライバルの存在があるからです。そこでこの章では、定義の残りの部分を解明するべく、マーケティングの「戦場」という考え方について掘り下げていくことにしましょう。

11

マーケティングの「戦場」とはなにか？

　ここまでの流れを少し振り返っておきましょう。われわれはいま、下記のマーケティングの定義を検討しています。前章の後半では、とくにこの強調部分に焦点をあてて、どうすれば「より CP が高い商品」を実現できるかということを考えていました。

> 【定義】マーケティングとは「一定費用の下で、適切な買い手群にとって**よりコストパフォーマンス（CP）の高い商品を生み出し、**その存在を認知させ、その内容を理解させ、これを送り届けることによって、粗利を最大化する総合活動」である。

　87 ページでご紹介した、買い手が「買おう！」という意思決定を行ううえでの必要条件をもう一度思い出してください。ある商品を購買することを決断するうえでは、その商品が「手に入れてもいい」もの、「買える」もの、「買ってもいい（＝ CP が高い）」ものでなければなりません。

　しかし、これらの条件を満たせば、商品が直ちに購入されるかというと、

そんなことはありませんよね。これらをクリアした商品は、ようやく購入候補として残ったにすぎません。

　それぞれの買い手は「ふるい」にかけられた競合商品たちを頭のなかで戦わせます。一人の買い手が購買の意思決定を下すのは、そこで「最高」と見なされた商品だけ──。それ以外の残った競合商品は、すべて敗者となります。No.1 だけが勝ち残る──これがマーケティングの**戦場**における掟です。

「最高の商品」になるための２つの道

　では、この戦場において「最高」のポジションをとるには、どうすればいいでしょうか？

　これには２通りの道が考えられます。

① 戦場で最も CP が高い商品を生み出す
② 競合がいない場に商品を投げ込む

　第一には、この戦場のなかで実際に「最強」の武力を手に入れることです。マーケティングの戦場における武力とは、コストパフォーマンス（CP）にほかなりません。つまり、同じ戦場に存在しているどの競合商品よりも高い CP を誇っていれば、その商品が敗北することはなくなります。

　本書におけるマーケティングの定義は「よりコストパフォーマンス（CP）の高い商品を生み出し……」となっていますが、ここで言う「より CP が高い」とは「**どの競合商品よりも CP が高い**」ということを意味します。

他方で、第二の道も考えられます。それは「競合がいない戦場」に商品を投げ込むという方法です（これは形容矛盾なので、本来は戦場ではなく**場**と呼ぶべきでしょう）。これは「手に入れてもいい」「買える」「買ってもいい」の基準をクリアした商品が、買い手の頭のなかに1つしか存在せず、比較対象となる競合商品がほかに存在しないケースだと言えます。そのため、こちらの「よりCPが高い」は、競合との相対評価ではなく、いわば「高ければ高いほどいい」という意味になります。

後者の「競合なし」のケースについては、いわゆるブルーオーシャン戦略などを思い浮かべる人もいるかもしれません。これについては119ページ以降で詳述しますが、この段階で注意しておきたいのが、現実問題として「競合が存在しない場」というのは、かなりかぎられているということです。

圧倒的に発生頻度が高いのは「競合関係が存在する戦場」、買い手にとって比較対象が存在する戦場のほうです。というわけで、ここではまずベーシックな「競合あり」のケースのほうに照準をあてることにしましょう。

そこではすでに「戦い」がはじまっている──戦場・市場・独壇場

競合関係が存在する戦場においては、最もCPが高い商品が勝利します。

ただし、どの属性をどれくらい重視するかも、それぞれの属性にどれくらいの水準を期待するかも、買い手によって違います。たとえば軽自動車を求めている4人家族の買い手は、単身者の買い手よりも「車内空間の広さ」というAttributeに大きなウエイトを置くでしょう。また、「ボディカラー」という属性に関しても、「赤」というPropertyに魅力を感じる買い手もいれば、そうでない買い手もいます。

　自社商品を含む競合商品群のCPを頭のなかで比較検討する買い手は、ふつう一人ではありません。「同じ戦場」を頭のなかに持った買い手はほかにも存在します。そうした買い手たちの集合体を**市場**といいます。

　求めている商品属性（AttributeやProperty）は買い手によって異なる以上、一人ひとりの頭のなかには「それぞれの戦場」が存在しています。

　そして、戦場が変われば、商品のCPも変わります。たとえAさんとBさんが同じ商品群を検討していても、Aさんにとっては商品αが「最高」と映ったのに対し、Bさんにとっては商品βが「最高」に思えたということが起こり得ます。これは、Bさんの頭のなかの戦場が、Aさんとは違っているからです。

　そこに戦場が存在しているということは、比較対象となる商品群が存在しており、買い手はそのなかから商品を選ぼうとしているということを意味します。つまり、買い手は「この手の商品のどれかは買おう」という意思決定はすでに終えており、比較対象のなかから「どの商品を購買しようか？」という選択行動をするわけです。

　「でも実際には、検討した結果、『どれも買わない』ということもあり得るのでは？」

　そういう疑問が湧く人もいるかもしれません。つまり、「どれかは必ず購買する」という意思決定をする前に、ひとまず商品を見比べてみる場合もあるのではないかということですね。

　しかし、競合商品の「比較」が成立するためには、買い手はすでに各商品のコストとパフォーマンスの情報を把握していなければなりません。だとすると、この情報をもとにした「どれかは必ず購買する」というごくシ

ンプルな意思決定は、すでに下されていると考えるべきでしょう。もちろん、実際に商品の比較検討を行った結果、そのあとに「どれも買わない」という選択をすることは十分にあり得ます。

いずれにせよ、戦場が存在しているのであれば、戦いはもうはじまっているのです。だれかが勝利し、だれかが敗北せねばならないことは、そこですでに決定していると考えたほうが自然でしょう。

まず「買い手の欲望」がある──ニーズとウォンツ

競合商品が比較検討される場として、「戦場」という概念を導入しました。この戦場は、あくまでも個々の買い手の頭のなかに存在する、バーチャルな空間です。同じような競合商品の戦場を脳内に持っている買い手たちが集まったとき、そこに生まれるのが「市場」でした。その意味で、戦場は市場よりもいっそう根源的な概念だと言えます。

そうした群としての市場のなかには、自社商品のCPを「最高」と判断してくれる人たちがいるはずです。この人たちの集合を、本書では**独壇場**と呼ぶことにしましょう。

一方、戦場よりもさらに手前に存在しているものがあります。それは人間の欲望です。買い手がなんらかの「〜したい」という目的を持つからこそ、ある商品はより価値が高く、また別の商品はより価値が低かったりするわけです。その意味では、人間の欲望がなければ、マーケティングの戦場は生まれ得ないと言ってもいいでしょう。

マーケティングの大家**フィリップ・コトラー**は、このような買い手の欲望として**ニーズ**と**ウォンツ**を区別しています。コトラー教授の言葉を参考にして、筆者なりに少しアレンジを加えるならば、両者は次のように定義できます。

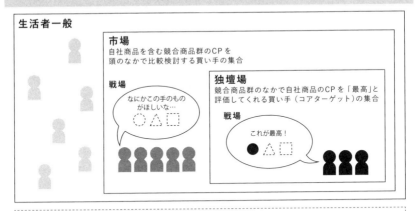

生活者一般・市場・独壇場

生活者一般

市場
自社商品を含む競合商品群のCPを
頭のなかで比較検討する買い手の集合

戦場
なにかこの手のもの
がほしいな…

独壇場
競合商品群のなかで自社商品のCPを「最高」と
評価してくれる買い手（コアターゲット）の集合

戦場
これが最高！

頭のなかの「戦場」がまずある。「市場」はその集合体にすぎない。

> ① **ニーズ**──生活上必要な、ある充足状態が奪われている状態（欠乏状態）を満たしたい気持ち
> ② **ウォンツ**──ニーズを満たすための特定のものがほしい気持ち

　ここからもわかるとおり、ニーズとウォンツの違いは、相対的なものでしかありません。ウォンツというのは、ニーズの相似形的縮小であり、それ自体がより階層の低いニーズなのです。

　たとえば、「喉の渇きを癒やしたい」というニーズがあったとき、そこには「水（という特定のもの）がほしい」というウォンツがあります。しかしこのウォンツは、言い換えれば「水がない状態を解消したい」というニーズにほかなりません。そしてこのニーズには「なんらかの炭酸水がほしい」「ボルヴィックがほしい（特定のもの）」「220mlボトルのエビアンがほしい（さらに特定のもの）」といったウォンツがぶらさがることになります。

このように、ニーズとウォンツというのは、目的と手段の関係にあります（AのためのB、BのためのC、CのためのD……という具合）。つまり、両者の違いは本質的なものではなく、あくまでも相対的な階層の差でしかありません。

したがって筆者は、それぞれの目的のレイヤー（階層）をしっかりと意識できているのであれば、用語レベルで両者をいちいち区別する必要はないのではないかと考えます。というわけで、以下、本書では「ニーズ」という言葉で統一することにしましょう。

なにかが欠乏しているとき、買い手のなかには必ず「こうしたい」という理想状態があります。これは言い換えれば**目標**です。ある商品が買い手の目標達成に役立つとき、そこには価値が生まれます。逆に言えば、買い手に「ニーズ＝目標」がないかぎり、どんな商品もパフォーマンスを発揮し得ないのです。

ニーズについては、のちほどもう少し細かく考えてみたいと思います（111ページ）。ここではひとまず、買い手の頭のなかに戦場が生まれるためには、商品価値の源泉たるニーズ（＝買い手の目標）が不可欠であるということを押さえておいてください。

購買意思決定の4ステップ——ダイヤの指輪を例に考えてみよう

ここまで見てきた戦場とニーズの解説も踏まえながら、買い手が「買おう！」という購買意思決定をするまでのプロセスを考えてみると、そこには次の4つのステップが存在していると考えられます。

① ニーズの生成
買い手のなかになんらかの目標が生まれます。

② 商品の列挙

　その目標達成に役立つ商品のうち、買い手が認知している商品が想起されます。これはまだ購買候補ではなく、あくまでも「予備軍」にすぎません。

③ 戦場の形成

　列挙された商品のうち、「手に入れてもいい」「買える」「買ってもいい」のふるいがかけられます。「手に入れてもいい」は一定以上のパフォーマンス（P）があるか、「買える」とは一定以下のコスト（C）に収まっているか、「買ってもいい」は一定以上のCP（1.0以上）が見込めるかを意味します。そこで残った複数の競合商品から成る「戦場」がつくられます。

④ 購買の意思決定

　戦場に存在する競合商品群の各CPが比較されます。そのなかでCPが「最高」のものに対して、「買おう！」の意思決定がなされます。

　せっかくなので、これを単純化した具体例に沿って考えてみたいと思います。
「美しさを身につけたい」と考えたAさんは、ダイヤモンドの指輪を買うことにしましたが、いつか手放すときのために「リセールバリューも保ちたい」と考えています（①ニーズの生成）。
　カラット（重量）・カラー（色）・クラリティ（透明度）・カット（形）などに注目してインターネットや雑誌を見たり、有名なお店を回ったりして、ひととおりの情報を集めた結果、なんとなくよさそうな指輪をリストアップしました（②商品の列挙）。
　しかし、そのうちのいくつかはカラット数やクラリティが求める水準に満たず、「手に入れてもいい」のラインを超えられませんでした。また、何点かはあまりにも高額で手が出ませんでした（「買える」のライン）。そ

ダイヤモンドの指輪 —— いちばんコストパフォーマンスが高いのは？

商品名	コスト	パフォーマンス	CP
指輪a	32万円	40万円	1.25
指輪b	40万円	42万円	1.05
指輪c	28万円	33万円	1.17

のほか、「素敵だけど高すぎる」商品や「安いけれど気に入らない」商品も候補から外していきました（CPライン）。その結果、残ったのがa・b・cの3点でした（③戦場の形成）。

　最後に、それぞれのダイヤの指輪のCPを比較します。その結果、この戦場において最もCPが高かったのは、指輪aでした。Aさんはこれを選択し、購入することにします（④購買の意思決定）。

　いかがでしょうか？　ここでは例をわかりやすくするために、ブランド価値などはいったん脇に置いていますし、それぞれの買い手がこのような手続きを1つひとつ明示的に踏んでいると言いたいわけでもありません。しかし、原理原則を振り返るならば、一般的な購買意思決定の背後には、このような戦場のメカニズムを想定せざるを得ないのです。

12

戦場の「すれ違い」は
いかにして起こるか？
──競合しない商品たち

　マーケティングの根本概念であるコストパフォーマンス（CP）に注目したことで、われわれはマーケティングの「戦場」という概念に行き着きました。この戦場においては、さまざまな競合商品が戦いを繰り広げることになります。

　それは前節の最後で見た「指輪同士の戦い」のようなものだけとはかぎりません。一見すると、同じ戦場には居合わせることがなさそうな商品同士が、競合関係になっていることもあります。

　たとえば、「ファンタジーの世界に浸る」というニーズを持った買い手のなかには、東京ディズニーランド（TDL）をユニバーサル・スタジオ・ジャパン（USJ）とを比較する戦場があるでしょう。しかし、買い手のニーズが「家族の歓心を得ること」にあるとすれば、そのときには「TDLやUSJに行く」「高級レストランで外食する」「プレゼントを買う」「ちょっとした旅行をする」などの選択肢が競合する別の戦場がつくられることになるはずです。

　これとは逆に、一見同じ戦場にありそうな商品同士でも、じつは別々の

戦場に属していて、競合になり得ないケースもあります。このようなすれ違いが起きる背景には、次の３つの要因が考えられます。

① 求めるパフォーマンスが質的に違う
② 求めるパフォーマンスが量的に違う
③ コストがあまりにも違う

　この節では、これらのケースについて手短に見ておきましょう。

求めるパフォーマンスが質的に違う──競合になり得ないケース①

　商品としては似ているのに、同じ戦場で競合し得ないパターンの１つめは、買い手が求めているパフォーマンスの種類が異なっている場合です。パフォーマンスとは、商品の「属性」が生み出す価値のことでした。それぞれの属性には種類（Attribute）があり、買い手によって重視するAttributeは異なっています。

　たとえば、ある買い手が、高級ブランドのポロシャツを着ることによって「自分のステータスの高さを示せること」に価値を感じているとします。そういうAttributeにウエイトを置く人からすれば、ユニクロのポロシャツは「どれを買おうか？」と考える際の選択対象には入ってこないでしょう。

　エルメスのポロシャツとユニクロのポロシャツは、求められるパフォーマンスが質的に異なっているので、両者のあいだには競合関係が生まれま

せん。「エルメスとユニクロ、どっちのポロシャツを買おうかな？」と考える買い手はまず存在しないのです。この場合、両者は別々の戦場に属していると言います。

求めるパフォーマンスが量的に違う──競合になり得ないケース②

さきほどが商品属性のAttributeの違いだとすれば、こちらはPropertyの違いです。つまり、属性項目の種類は同じでも、その内部での「位置」があまりにも違いすぎる商品同士は競合しません。

わかりやすいのは、デジタルカメラにおける画素数です。いまや、ふつうのデジカメの画素数は、ほとんどの買い手が求めるPropertyを超えています。そのため、どれだけ画素数が上がったとしても、買い手が感じる価値（パフォーマンス）は同じであり、「払ってもいい」と感じる金額が上がることはありません（経済学で言うところの「限界効用逓減の法則」）。

しかし、一部のカメラマニアはそうではありません。ふつうの人には判別できないレベルでの違いを写真に求める人にとっては、画素数が多ければ多いほど、そのカメラのパフォーマンスは高まるのです。逆に、求める画素数があまりにも高すぎるため、ふつうの人が満足する水準のカメラには価値が感じられず、購入検討の対象には入ってきません。彼らの「戦場」には高級デジタル一眼レフなどが競合することになります。

「画素数」という同じ属性を持っている同じデジカメであっても、その位置（Property）があまりに離れすぎているものは競合になりえないのです。

コストがあまりにも違う——競合になり得ないケース③

　最後に、あまりにもコストの違う商品同士も、多くの場合、競合にはなりません。これは1つにはもちろん、あまりにも価格が高く、「買える」のラインを満たさない商品は、戦場に入る前にふるいにかけられてしまうということです。103ページのダイヤの指輪の例で言えば、120万円の商品はAさんの予算を大幅に超えているため、そもそも戦場に残ることができません。そのため、指輪a・b・cとも競合関係に立つことがないのです。

　ただ、ここで言いたいのは、もう少し違う意味でのコストの違いです。というのは、あまりにも価格が違っている商品同士は、そもそもパフォーマンスの質・量においてもかなり異なっていることが珍しくないからです。現実的には、コストとパフォーマンスのあいだには相関性が見られます。原価の高い商品は価格（コスト）が高くなる一方、提供できる価値（パフォーマンス）も高くなる傾向があります。

　そのため、一定以上のパフォーマンスを求めている買い手にとっては、あまりにも価格が低い商品はそもそも戦場に存在しないことになります。たとえものすごく高いCPを誇っている商品だとしても、あまりにも安い商品はパフォーマンスの絶対値が低くなってしまうからです。

　これは、「回転寿司チェーン店」と「銀座の高級寿司店」の違いがわかりやすいでしょう。

　まず、回転寿司店の価格帯しか許容できない買い手においては、高級寿司店は戦場の外にあります。逆に、頭のなかの戦場に高級寿司店というオプションが存在する買い手にとっては、回転寿司という選択肢はあり得ません。

　どちらの買い手も「おいしい食事をする」というニーズは同じですが、

求めるパフォーマンス量の下限が違っています。高級寿司に行くような人は「少なくともネタは冷凍ではなくて生」「少なくとも養殖ではなくて天然もの」「少なくとも網で取った魚ではなくて釣った魚」というような基準を持っており、一定の価格帯を下回るお店はおのずと切り捨ててしまっています。

　このように、あまりに価格（コスト）が違う商品は、競合になり得ないのです。「今日は回転寿司か高級寿司、どちらに行こうか？」という選択行為をするという人は、まず存在しないでしょう。

　もちろん、同じ買い手であっても、達成したい目的が異なっていれば、その人の頭のなかにはまた「別の戦場」が形成されることになります。たとえば、そのときのニーズが「取引先の重役を接待すること」であるか、「家族サービスとしての食事」であるかによって、その人のなかの戦場にはまったく別のプレイヤーが首を揃えることになるでしょう。

　ちなみに、国産メーカーの大衆車とフェラーリの車を一緒に配置したような**ポジショニングマップ**は、マーケティングの観点からすると、あまり意味がありません。なぜなら、「トヨタのカローラとフェラーリ、どっちを買おうかな？」と比較検討する買い手は、一般的には存在しないからです。そういう戦場を頭のなかにもっている買い手は、おそらくいないでしょう。

　もちろん、あくまでも供給者視点でそれぞれの商品の位置づけを整理整頓することには、一定の意味があるでしょう。しかしながら、顧客がなにを求めているのかを買い手視点で探りたいのならば、このようなポジショニングマップは、なんの役にも立ちません。買い手の戦場をマップのかたちで可視化するときには、「ほんとうに競合関係にある商品」だけを配置するべきでしょう。

13

「競争なきマーケティング」
はどこにある？
──ニーズに応じた3条件

　ここまでは、競合商品との競争が存在する世界だけを見てきました。買い手の頭のなかに複数の検討候補がある場合、その戦場において最高のCPを誇る商品だけが選ばれることになります。

　一方、世の中に目を向けてみると、比較対象となる商品が必ずしも存在せず、競合関係がないままに購買の意思決定が下されているケースもないわけではありません。98ページで紹介した「第二の道」ですね。

　マーケティングの世界では、こうした競争の存在しない世界がしばしば称揚されるようです。「市場創造」「破壊的イノベーション」「ブルーオーシャン戦略」などの魅力的なキーワードとともに、「競合がいない場」に乗り出した企業のストーリーをご覧になったことがある人も少なくないでしょう。

　しかし筆者は、マーケターたちに「さあ、血みどろのレッドオーシャンを抜け出そう！」と呼びかけることにはやや懐疑的です。すでにお伝えしたとおり、日々のマーケティング業務は「競合が存在する戦場」で行われるのがふつうですし、そのなかで最高のCPを実現しようと知恵を絞ることこそが、多くのマーケターに求められているからです。

　とはいえ、競合関係がないままに購買の意思決定が下されるケースは、たしかに存在しています。また、その背後にあるメカニズムを押さえておくことには、マーケティングの本質を見きわめるうえでも、とても大きな意味があります。果たして「競争の存在しない世界」では、どんな原理原則が動いているのか？——さっそく見ていきましょう。

買い手のニーズは、どんなモードにあるか？

　そもそも、「競合なし」に商品が売れるとは、どういうことでしょうか？
　102 ページで紹介した 4 ステップを思い出してください。そこでは、買い手のなかになんらかの目標が生まれたあと（①ニーズの生成）、「予備軍」とも言うべき商品群が想起されます（②商品の列挙）。さらに、ここに「手に入れてもいい」「買える」「買ってもいい」のふるいがかけられることで、最終的な競合商品たちが絞り込まれます（③戦場の形成）。
　ところがこのとき、ふるいの上に残された商品が「1 つだけ」になってしまうことがあります。この場合、競争相手がいないので、戦場は形成されません。この空間は**場**と呼ぶことにしました。

　問題は「なぜこのようなことが起こり得るのか？」です。どのようなときに、「場に 1 つだけの商品が存在する状況」が生まれるのでしょうか？じつのところ、これにはいくつかのパターンがあります。そして、その違いは、ニーズがどのようなモードにあるかに依存します。
　買い手のなかにあるニーズは、次の 3 つの様態をとります。

① **ニーズが顕在的**──買い手がみずから「〜したい」と言葉・絵で
表現できる
② **ニーズが潜在的**──他者から「〜したいですか？」と聞かれて初
めて、買い手が「はい」と答えられる。目的が明確に意識されて
いるわけではないが、買い手の頭のなかには眠っている
③ **ニーズがない**　──買い手は「〜したい」とも思っていないし、「〜
したいですか？」と聞かれても「いいえ／わからない」と答える

　ふるいの上に残された商品が「1つだけ」になるとき、上記のニーズの
あり方に応じて、それぞれ3つのパターンが考えられます。

① ニーズはあったが、それを満たす商品が存在しなかったとき（顕
在的）
② 潜在的だったニーズを、売り手が商品によって顕在化させたとき
（潜在的→顕在的）
③ なにもないところから売り手が新しいニーズを生み出したとき（無
→顕在的）

　それぞれについて見ていきましょう。

「みんながずっとほしかった商品がついに登場！」──ニーズが顕在的

　「①ニーズはあったが、それを満たす商品が存在しなかったとき（顕在的）」
については、比較的わかりやすいのではないかと思います。スタート地点

として、明らかにだれもが求めている価値があるのに、それを満たせる商品がいまだ誕生していない状態を考えてみましょう。

「がんを完治させる薬」や「手軽な宇宙旅行」などを思い浮かべてもらうといいと思います。多くの人がこれらに大きな価値を見出すはずですが、いまのところ、これらは「手に入れてもいい」「買える」「買ってもいい」のラインを満たしている商品群が世の中に存在していません。「がんの完治」というパフォーマンスを実現した薬は開発されていませんし、手軽な宇宙旅行プランもいまのところ存在していません。

そんななか、だれかがほんとうにこうした商品をつくってしまったら、なにが起きるでしょうか？　それと競合し得る商品は皆無であり、場にはただ１つの商品だけが存在することになります。買い手はそれ以外の選択肢を持たないので、その CP が一定レベル以上であれば、当然のようにその商品を「買おう！」と決断するでしょう。

「そうそう、じつはこれがほしかった！」──ニーズが潜在的

もう少しややこしいのが、「②潜在的だったニーズを、売り手が商品によって顕在化させたとき（潜在的→顕在的）」のほうです。

マーケターは、その商品の各属性（Attribute ／ Property）がもたらす価値によって、買い手が持っている目標（ニーズ）を満たそうとします。通常、商品の属性と買い手のニーズは裏表の関係であり、ニーズがなければ属性もありません。

しかし、買い手においては、すべてのニーズがつねに顕在化されているわけではありません。むしろ、かなりの部分は潜在的な状態に留まっており、自分がなにを求めているのかに気づいていない買い手がほとんどだと

言っていいでしょう。

　そこにまったく新たな軸の属性（Attribute ／ Property）を持った商品を投げ込むと、買い手が潜在的に持っていたニーズが顕在化されることがあります。このとき、新しい属性の下で比較できる商品はほかに存在しないため、買い手のなかには戦場が形成されません。たった1つの商品だけが残されるので、当然のことながら競争が起こらないまま、購買の意思決定がなされます。巷で「ブルーオーシャン」として語られるのは、まさにこのような事態でしょう（これについては 122 ページ以降でもう少し掘り下げます）。

　潜在的だったニーズが顕在化されたとき、買い手は「そうか、自分はずっとこれがほしかったのか！」というニーズ発見の体験をします。それどころか、すくい上げられた潜在ニーズがあまりにもクリティカルであれば、買い手のなかには「以前から自分はこれがほしいと思っていたのだ！」という勘違いが生まれます。優秀なマーケターの仕事が、よく周囲の人から「あんなことは、オレもとっくの昔に思いついていたよ」などと言われるのには、こうした背景があると考えられます。

　潜在ニーズを顕在化した典型は、SONY の「ウォークマン」でしょう。かつて爆発的ヒットとなったこの商品は、「どこでも音楽が聴ける」という新たな価値属性を加えたことで、人々のなかにあった「移動中にも音楽を楽しみたい」というニーズを顕在化させました。

　また、あるときから急速に広がった「黒い綿棒」なども、こうしたニーズ発見の賜物ではないかと推察します。「きれいに耳垢を掃除したい」という顕在ニーズが支配的だったところに、「とれた耳垢の量を確認したい」という隠されたニーズを発見し、開発された商品だと考えられるからです。筆者自身、ウォークマンや黒い綿棒を初めて見たときに「あれ？　こんなアイデアは以前に自分でも考えたことがなかったかな……」という感想を

抱いた記憶があります。

　ここで思い出すのが、セイコーの創業者・服部金太郎翁の言葉です。

> 「すべて商人は、世間より一歩先きに進む必要がある。ただし、ただ
> 一歩だけでよい。何歩も先に進みすぎると、世間とあまり離れて預言
> 者に近くなってしまう。商人が預言者になってしまってはいけない」
> 　　　　　　　（「セイコーミュージアム銀座」ウェブページより）

　この「ただ一歩だけ」が意味しているのは、まさに買い手に「そうそう、こういうものがほしかった！」と言わせるような商品のことでしょう。しかも、単なる「一歩」ではなく「一歩"だけ"」という表現になっているところに、マーケター・服部金太郎の深い洞察が窺えます。

　なお、ここでは売り手（商品の供給側）がニーズを顕在化させるケースだけを取り上げましたが、買い手がみずから潜在的なニーズに気づくこと（潜在→顕在）もあるでしょう。これは、次項で扱う「なにもないところから新しいニーズをつくり上げる」ような場合（無→顕在）でも同様ですが、本書はマーケターを対象読者にしているので、これ以上は触れないことにします。

「よくわからないけど、買ったほうがよさそう…」
──「啓蒙」のマーケティング

　場に１つだけの商品が存在する状況、つまり、「競合なし」で商品が売れる状況として、２つのパターンを見てきました。この２つのうち、やは

り重要なのは、後者の「潜在ニーズの顕在化」です。買い手たちが気づいていないニーズを拾い上げることができれば、マーケティングは大きな成功につながるため、この分野は従来から「マーケティングの本流」と見なされてきました。

　一方、ここまで話してきたのは、顕在であれ潜在であれ、すでにニーズそのものが「ある」ようなケースです。しかし、たとえ潜在的なニーズすらなかったとしても、いわば人為的にニーズをつくり上げることができれば、競合商品の存在しない場がつくれるのではないでしょうか？　これがさきほど「③なにもないところから売り手が新しいニーズを生み出したとき（無→顕在的）」としてあげておいたパターンです。

「そんなことが果たして可能なのか？」と思う人もいるでしょう。たしかに、売り手側がゼロからニーズを生み出すケースというのは、かなりかぎられています。

　しかし、そういうやり方がどこにも存在していないかというと、じつはそんなことはありません。本書ではこれを**啓蒙のマーケティング**と呼ぶことにします。

　啓蒙というのは、一般に「無知な状態にある人を教え導き、その文化的水準を高めること」です。ここで問題になっているのは「ニーズの啓蒙」ですから、要するに、「自分はこれこれのニーズを持つべき」と認識させることを意味します。

　じつのところ、啓蒙によって植えつけられるニーズには、きっちりとした根拠が要りません。買い手のなかに「よくわからないけど、そういうものなんだろうな」という認識をつくれれば、それで十分なのです。

　たとえば、ファッションビジネスにおいては「今シーズンはどういうファッションがオシャレなのか」は、買い手のニーズとは関係ありません。あくまでも、業界が買い手にニーズを植えつけて「今年はこの手のものを

買いたいな」と思わせているだけです。

　啓蒙のマーケティングがとくに有効性を発揮するのは、その商品の提供価値が同時交換的ではなく、一定のタイムラグを要する場合です。

　85ページで触れたとおり、通常の買い物においては「ほしいときが買いどき」が原則です。しかし、ある種の商品においては、その効能を受け取るまでの時間が長くならざるを得ない商品があります。

　たとえば、「生命保険」などはその典型でしょう。たいていの社会人1年目の人は、生命保険に加入するニーズをほとんど感じないはずです。そのため、生命保険のセールスのなかには、先輩社員などに「自分も若いときはニーズを感じなかったけれど、歳を重ねると『もっと早く入っておけばよかった』と思うようになるよ」などと言わせて、若年の買い手を啓蒙する人もいるそうです。

　また、健康食品やサプリメント、エイジングケア用のコスメなども、効能の享受までのタイムラグがある商品です。そのため、しばしば「いまのうちから使っておくべきですよ。必要性を感じたときにはもう遅いですから」といった訴求がなされます。子どもの習いごとなども同じです。「言語習得には臨界期がある。英語は早めに学ばせたほうがいい」とか「これからは理系の時代。算数力が将来の知的資本になります」などというのは、啓蒙のマーケティングの典型でしょう。

　このようなニーズの植えつけは、たいていの場合、**権威者**を通じて行われます。健康関連の商品であれば医者、美容関連ならモデル、食品なら料理家、ワインならソムリエ、あるいは……という具合に、その分野の有識者を介して情報を伝えることで、買い手に「よくわからないけど、買ったほうがよさそう」と思わせることができます。

　近年では、SNSのフォロワーが多い**インフルエンサー**が注目を集めて

います。以前、有名人がスポンサー料の受け取りを隠したまま、その会社の商品をSNSなどで称賛する「ステルスマーケティング（ステマ）」が問題になりましたが、ここでは啓蒙のマーケティングが悪用されるケースもあるでしょう。啓蒙によるニーズ創出は、もしそれが成功すれば非常に強いパワーを発揮しますが、商品が実態を伴わない場合には「広告塔」「信者ビジネス」「インチキ」などといった誹りを受けるリスクを伴います。

14

競争を避ける
マーケティングの系譜
──破壊的イノベーションとブルーオーシャン戦略

　マーケターにとっては、競争こそが日常です。競合と比較されるなかで、少しでも CP の高い商品を実現するべく、知恵を絞り続けるのがマーケティングの「通常運転」なのです。

　他方で、前節で見てきたような「競争をかいくぐる手法」は、マーケティングの世界で長らく注目を集めてきました。その二大巨頭とも言うべきが「破壊的イノベーション」と「ブルーオーシャン戦略」です。この２つは「マーケティングの原理を体系化する」という本書の目的にとってもきわめて重要なので、本節で見ておくことにしましょう。

「老舗の商品」ほどコスパが悪くなるワケ──破壊的イノベーション

　破壊的イノベーション（Disruptive Innovation）とは、筆者がいたボストン コンサルティング グループ（BCG）の大先輩であり、ハーバード・ビジネス・スクール教授でもあった**クレイトン・クリステンセン**が提唱した概念です。これを理解するうえでは、対概念である**持続的イノベーション**（Sustaining Innovation）と対比するのがいちばんでしょう。

持続的イノベーションとは、既存市場で求められている価値を向上させるイノベーションを指します。一定規模のある大企業や歴史のある優良企業は、既存商品にいっそう高い付加価値をつけることで他社との差別化を進める戦い方を得意としています。日本のメーカー企業などはこの典型であり、戦後日本の高度経済成長は持続的イノベーションに支えられてきたと言っても過言ではありません。

　しかし、この持続的イノベーションは、いつしか**オーバーシューティング（過剰解決）**を引き起こします。これは、既存の価値属性を追求した結果、買い手が望む性能を超えてしまう現象のことです。107ページで見たデジタルカメラの画素数などを思い出していただくといいでしょう。通常、商品のPropertyが高くなればなるほど、そのパフォーマンス（買い手にとっての価値）は高まります。しかし、ある一定の水準を超えたPropertyの向上は、一部のかぎられた買い手以外には価値の上昇をもたらしません。
　それでも企業は、同一軸での価値追求（持続的イノベーション）をなかなかやめられません。その結果、商品はハイエンド層をターゲットとした高価格帯に偏ることになります。ふつうの買い手にとっては価格上昇に見合ったパフォーマンス向上がないため、おのずと同社の商品のCPはどんどん低下していく——。こうして巨大企業が袋小路に追い込まれていく現象を、クリステンセン教授は**イノベーターのジレンマ（Innovator's Dilemma）**と呼んでいます。

　他方、余計な性能を切り捨てたり、価格を大幅に引き下げたり、従来とは質的に異なる価値属性（Attribute）で勝負したりすることによって、著しくCPの高い商品が同じ市場のなかに登場することがあります。とくに新興企業がその供給元になることが多いため、大企業の商品と比べると性能面（従来の属性軸における）で劣っていたりするものの、価格の安さや新たな価値軸によって、これまでとはまったく別の買い手を惹きつけるこ

とになります。この大きなうねりはやがて市場全体を席巻し、市場のルールそのものを変革してしまうことから、このような技術革新は「破壊的イノベーション」と呼ばれています。

その本質は「潜在ニーズ」の発見にある

　破壊的イノベーションの例としてわかりやすいのは、やはり SONY のウォークマンでしょう。当時のオーディオ業界は音質にこだわり、その向上をつねに目指していました。ウォークマンは、その Property の追求を切り捨てて、再生機能に特化することで、まずは大きくコストを抑えることに成功しました。さらにこの商品が「どこでも音楽が楽しめる」という Attribute を付加して新たな潜在ニーズを掘り起こし、まったく新たな軸でのパフォーマンスを実現したことは、114 ページでも触れたとおりです。こうしてコスト＆パフォーマンスの両面から CP を高めたウォークマンは、従来のオーディオファンに加えて、別の新規買い手たちを魅了し、破壊的イノベーションの担い手となったわけです。

　ウォークマンを開発できなかったプレイヤーたちの側から見たとき、その敗因はどこにあったと言えるでしょうか？　これには次の3つが考えられます。

① 既存の価値属性における量的向上によって、競争に勝とうとしたこと
「手に入れてもいい」のラインが低い買い手（商品に求めているパフォーマンスの水準が低い人＝既存市場のハイエンド層"以外"）にとっては、もはや「音質」の向上は商品パフォーマンスにつながらないレベルに達していた。それにもかかわらず既存の価値軸にこだわった結果、価格（コスト）が上がり、かえって商品の CP が低下してしまった。

② 余計な価値属性を軸ごと切り落とし、コストを削減しなかったこと

　ウォークマンは「再生」機能に特化したが、既存プレイヤーは「録音」という機能にこだわってしまった。その結果、これまでと同じコストに縛られ、CP の高い商品を実現できなかった。

③ 新たな価値属性を付加して、新たな買い手を取り込まなかったこと

「どこでも音楽を楽しみたい」という潜在ニーズを発見することができなかった。既存の買い手が持っている顕在ニーズだけに目を向けてしまい、これまでとはまったく別の買い手をも獲得できる可能性に気づくことができなかった。

　①が起こった要因は、売り手側と買い手側との認識が大きく乖離していたことにあります。「既存の買い手は、ほんとうにこれ以上の音質向上を求めているのか？」にしっかりと目を向けて、買い手のニーズをたしかめてさえいれば、このようなズレは未然に防ぐことができたかもしれません。とはいえ、いざ実行するとなると、決して簡単なことではありませんが……。

　他方で、より難易度が高いのが②や③です。「再生機能さえあれば十分」とか「どこでも音楽を楽しみたい」というニーズは、ウォークマンが登場する以前にはまだ十分に可視化されていなかったからです。破壊的イノベーションになれるかどうかは、こうした潜在ニーズをいち早くつかめるかにかかっていると言えるでしょう。

価値を「減らす」「取り除く」「付け加える」──ブルーオーシャン戦略

　続いて、これまでにも各所で言及してきた**ブルーオーシャン戦略（Blue**

Ocean Strategy）についても見てみましょう。マーケティング関係者と話していると、ほんとうに頻繁に耳にするので、もはや言葉だけが独り歩きしているような印象も受けますが、もともとは INSEAD（欧州経営大学院）教授である W・チャン・キムとレネ・モボルニュが著した 400 万部超のベストセラー書籍で語られた戦略論です。

　ブルーオーシャン（青い海）はレッドオーシャン（赤い海）との対比のなかで語られます。レッドオーシャンとは血で血を洗うような「競争の激しい既存市場」を意味する一方、著者らは「競合相手のいない未開拓市場＝ブルーオーシャン」を切り拓くべきだと説いています。

　そして、青い海に乗り出すための切り札とされているのが**バリューイノベーション**、すなわち、企業と買い手の両方に対して、それまでになかった価値を生み出す活動です。バリューイノベーションを生み出す戦略立案のための要諦は、次の3つに要約できます。

① **減らす**——商品の価値が損なわれない範囲内で、自業界における一般的な価値属性（Property）の量を削る。それによってコストを削減して、商品の CP を高める
② **取り除く**——買い手にとって不必要な価値属性の軸（Attribute）そのものを切り捨てる
③ **付け加える**——買い手が価値を感じる軸を新たに増やす

　こうして見てみると、ブルーオーシャン戦略がマーケターに与える示唆は、破壊的イノベーションときわめてよく似ているように思います。上記の「①減らす」は、音質の追求をほどほどにすることで、価格を抑えたウォークマンの戦略に相当するでしょう。また、「②取り除く」についても、同

商品が再生機能だけを残し、録音という価値軸を切り捨てたことを思い出させます。ウォークマンの破壊的イノベーションは「どこでも音楽を聞ける」という新たな価値軸を生み出した以上、最後の「③付け加える」についてもぴたりと一致しています。

15

「新規買い手」の獲得か、
「既存買い手」の奪取か

　前節では「競争なきマーケティング戦略」の二大巨頭を筆者なりに解釈してきました。両者を総合するのなら、競争を避けるマーケティング戦略は、次の3ステップにまとめられます。

[**ステップ①**] 買い手のパフォーマンスにつながらない価値属性の量を減らし、場合によっては軸そのものを取り除く
[**ステップ②**] コスト（とくに価格コスト）を落とすことで、競合よりも高い CP を実現する
[**ステップ③**] これまでなかった価値属性の軸を新たに加える

　このなかでも最も大事なのは③です。①や②を実行するだけでは、まだ競合商品との争いから抜け出せるとはかぎらないからです。競争のない場を確実につくるためには、やはりこれまでにない新たな価値軸を付加しなければならないのです。

　他方で、ここで補足しておきたいのは、「新しい価値軸の付加」が必ず

しも「新規買い手の獲得」につながるわけではないということです。ここで言う**新規買い手**とは、これまで自社商品を含む戦場を頭のなかに持っていなかった人のことです。

　逆に言えば、既存の買い手の奪い合い（競争）においても、これまでにない価値属性をつけ加える行為は、やはり有効なのです。この節では、ここをもう少し深めてみたいと思います。

「新たな軸づくり＝新たな買い手づくり」とはかぎらない

　上記に「競争なきマーケティング戦略」の3ステップをまとめましたが、書籍『ブルー・オーシャン戦略』で成功例として挙げられているケースのなかには、この基準に必ずしもあてはまらないものが混在しているように思われます。

　たとえば、同書の事例として有名な「シルク・ドゥ・ソレイユ」は、サーカス業界のなかにテーマ性や芸術性などの価値軸を持ち込むことで、それまでサーカスに行かなかった人たちを買い手にすることに成功しました。これはまさに競争のない未開拓市場に乗り出した例として、適当だと思われます。

　一方、同書では、10分1,000円で行う低価格理髪店として、日本の「QBハウス」が取り上げられています。しかし、QBハウスはほんとうに競争のない場をつくったと言えるのでしょうか？　たしかに同社は、カットの丁寧さ、洗髪とか顔剃りといったサービスなどの価値を減らし（ステップ①）、コストを下げることで低価格を実現しました（ステップ②）。見方によっては「仕上がりのスピード」という新たな価値軸をつけ加えたとも言えるかもしれません（ステップ③）。

　しかし、QBハウスは「もともと散髪に行かない人たち」を新たに買い

手にしたわけではありません。ましてや買い手たちは、これまでの理髪店に加えてQBハウスにも来るようになったわけでもないでしょう。おそらく買い手たちは、これまで行っていた散髪屋の代わりにQBハウスに行くようになったはずです。もしそうなのだとすれば、やはりここには競争があったと見るべきではないでしょうか？

　一方でQBハウスは、自宅で簡単にカットを済ませていた子どもたちを買い手にしたとも言われています。こちらはたしかに新たな買い手の獲得ですから、子どもたちの市場はまさにブルーオーシャンだったと言えるでしょう。しかし、QBハウスは最初から彼らを買い手として想定していたのでしょうか？

　もし子どもたちという新規買い手が、たまたま結果的に獲得できた「副産物」でしかないのだとすれば、それをブルーオーシャン「戦略」と呼んでいいかは疑わしいように思います。

「競争があるかどうか」は別問題

　ここからもわかるとおり、「新しい価値軸の付加」は「新規買い手の獲得」につながるとはかぎりません。

　もう１つ、「低カロリービール」の例で考えてみましょう。

　かつて、ビール市場における「カロリーの低さ」は、明らかにそれまでにない種類の価値属性でした（AttributeでありPropertyでもある）。しかしこの商品が獲得したのは、「従来ビールを飲んでいなかった人たち」ではありません。

　買い手の中心になったのは、おそらくは「太ることを気にしながらビールを飲んでいた人たち」でしょう。もしそうだとすると、ここには既存の買い手の奪い合いがあったはずですから、やはりここには一定の戦場を想

定せざるを得ません。

　一方で、新しい軸をつくった結果、ほんとうにまったく新たな買い手を
獲得して、競争を回避したケースというのもたしかにあり得ます。すでに
言及したウォークマンもそうですし、同様に破壊的イノベーションの例と
してよく言及される「携帯電話」なども典型でしょう。といっても、これ
は携帯電話が登場したばかりのころの話です。

　初期の携帯電話は、通話の音質などの機能面での価値属性を切り捨てる
と同時に、「持ち運んでどこからでも話せる」という新たな軸を持ち込み
ました。このとき、携帯電話は固定電話の買い手を奪ったわけではなく、
別の買い手たち（固定電話も携帯電話も持ちたい人）に広がっていきまし
た。つまり、両者は競合になり得なかったのです（106ページの「求める
パフォーマンスが質的に違う——競合になり得ないケース①」を参照）。

　ただし、もちろんその後、「携帯電話があるから固定電話は持たなくて
いい」と考える人は少しずつ増えていったので、長期的に見れば、ここに
も買い手を奪い合う競合関係があったと言えるかもしれません。

マーケターに与えられる唯一の手がかりは「既存の買い手」

　筆者がこの点（「新たな軸づくり＝新たな買い手づくり」とはかぎらな
いこと）にこだわっているのは、「まったく新たな買い手を獲得する場合
（ウォークマン／携帯電話）」と「競合から買い手を奪取する場合（QBハ
ウス／低カロリービール）」とでは、具体的なマーケティング戦略の立案
において、発想や検証の仕方がかなり違ってくるのではないかと考えてい
るからです。

　すでに競合関係が存在する市場においては、なにか新しい価値軸を生み

出したとしても、既存の価値軸がすべてご破算になるとは限りません。

　たとえば、ヤンマーの「かっこいいトラクター」を選択した買い手たちも、従来のトラクターが提供していた機能性パフォーマンスをまったく必要としなくなったわけではありません。あくまでも、機能面での競争が成熟して差別化が難しくなったため、新たな価値軸をつくって総合的な CPの差を生み出したにすぎないのです。

　だからこそ、競合関係のなかで新たな価値軸を発想・検証しようとするときには、自社や競合が抱えている「既存の買い手」を考察することが有効になります。「従来の買い手は "ほんとうは" 次になにを求めているのだろうか？」を探索し、他社が見落としている潜在ニーズをいち早く発見することができれば、これまでにない価値を提供する商品を生み出せるはずです。

　他方で、これまでとは別の新たな買い手を獲得するときには、いったいなにを手がかりにして新たな価値軸を探っていくのでしょうか？
　新規買い手はいまだ目の前にはいないわけですから、そもそも観察したり考察したりすることができません。だとすると、これは相当な難題だということになります。

新規の買い手はいつも「副産物」にすぎないのでは？

　筆者は、この点に対する対処法が書かれていることを期待して『ブルー・オーシャン戦略』を読み直してみましたが、残念ながら筆者にはそのヒントを見つけることができませんでした。もしそうなのだとすると、ブルーオーシャン戦略のメッセージは「新しい種類の価値軸を見つけることは、既存の買い手の奪い合いにも、新規買い手獲得にも有効だ」という伝統的

なマーケティングの見識とさして変わらないということなのでしょうか。このあたりについては、筆者もはっきりとした答えを出せていません。

　では、結局のところ、どうすればいいのか——？　やはりマーケターは、一定の競合関係のなかで、自社と競合が抱えている既存の買い手を徹底的に考察し、そこから潜在ニーズに応える新たな価値軸を見つけていくしかないのだと思います。

　もちろん、考察の対象となるのは既存の買い手ですから、ただちに新たな買い手の獲得にはつながらないかもしれません。しかし、これまでにない軸を立てることができれば、少なくとも競合から買い手を奪うことはできます。

　また、その過程のなかで運よく、新規買い手を獲得できることもあるかもしれません。QBハウスが「自宅で簡単にカットを済ませていた子どもたち」にも広がっていったようなパターンです。しかしこれは、既存の買い手を奪い合うなかで得られた副産物でしかなく、最初から戦略的に意図したものではないのかもしれません。

　そういうわけで筆者としては、どこまでもマーケターの仕事は、既存の買い手に目を向けて、そこに隠されている潜在ニーズを拾い上げることなのではないかと考えています。

16

マーケティングの「上流」と「下流」

　さて、この第３章では商品のCP比較が行われる「戦場」という概念を導入し、「そこでどのように競争が繰り広げられるのか？」「競争がないのはどんな場合なのか？」を見てきました。これらはすべて、マーケティングの定義における「よりコストパフォーマンス（CP）の高い商品を生み出す」という部分に付随した考察です。

　一方、定義のなかでまだ十分に触れられていない箇所のうち、下記の強調箇所にはまだ目を向けていませんでした。

> 【定義】マーケティングとは「一定費用の下で、適切な買い手群にとってよりコストパフォーマンス（CP）の高い商品を生み出し、**その存在を認知させ、その内容を理解させ、これを送り届けることによって、**粗利を最大化する総合活動」である。

　本節では、これらの箇所について見ていくことにしましょう。

知ってもらえないことにははじまらない

　マーケティングとは「一定費用の下で、粗利を最大化する総合活動」でした。買い手は「どの商品を選択するか?」を検討するにあたってCPを基準とするため、商品の売り手（供給側）には「よりCPの高い商品を生み出すこと」が求められます。

　しかし、ただCPの高い商品を生み出すだけでは、自社の粗利を最大化することはできません。これだけでは、商品は在庫として眠っているのと変わらないからです。生み出した商品を現実の粗利に変えていくためには、まだまだ満たさなければならない条件がいくつかあります。

　ここで思い出していただきたいのが、102ページですでにご紹介した「購買意思決定の4ステップ」です。

① ニーズの生成
② 商品の列挙
③ 戦場の形成
④ 購買の意思決定

　鋭い読者の方はお気づきかと思いますが、戦場について言及する際、筆者は「買い手の頭のなかの」という表現を用いてきました。購買の意思決定の行われる空間は、あくまでも買い手の頭のなかにあるのです。

　そうなのだとすれば、まず「②商品の列挙」が行われる段階で、自社商品についての情報が「買い手の頭のなか」になければなりません。そういった商品が存在するということを知らないかぎり、買い手はそもそも商品のCPを検討しようがないからです。

　これが定義における「買い手にその存在を認知させ」に対応します。代表的なのは広告を通じた PR ですが、たとえば検索エンジンへの SEO 対策なども、商品の存在を知らしめるための活動だと言えます。

「中身がわからない」と選ばれないし、
「手元に届かない」と儲からない

　そのうえで、商品が買い手の頭のなかの「戦場」に候補として残り、そのなかで「最高」のポジションを得るためには、買い手が「どういう商品なのか」を正しく理解していないといけません。内容がわからなければ、その商品の CP を判断しようがないからです。

　最終的に買い手に選んでもらうためには、その商品のコストがいくらで、どんなパフォーマンスを期待できるのかを理解してもらわないといけません。お察しのとおり、定義中の「（買い手に）その内容を理解させ」にあたる部分です。

　ここでも古典的なのは広告を通じた手法ですが、メディアでのパブリシティ、EC サイトにおける商品紹介文、SNS での口コミなども、商品内容を理解させるうえでは重要な手法になっています。

　ここまでの条件をクリアすれば、買い手はたしかに商品購買の意思決定をしてくれるでしょう。しかし、それでもまだ粗利にはつながりません。なぜだかわかりますか？

　これだけではまだ、実際の購買行為が完結していないからです。当然のことですが、商品を買い手のもとに届けて、対価を受け取って初めて、その販売行為は現実の利益を生み出します。

　マーケティングの目標が粗利の最大化である以上、定義文にある「（商品を）送り届けること」もまた、マーケティングにとって本質的な行為な

のです。これは実務レベルでは、倉庫在庫や流通の管理、店頭での陳列方法といったかたちをとります。

「下流」とは「価値の低い仕事」という意味ではない

こうした一連の活動はとても大切です。しかし、マーケティングにおける成否（「戦場」における勝敗）をより深く決定づけているのは、それよりも「上流」にある要素（＝商品のCP）だということを忘れてはいけません。

逆に言えば、マーケターが認知獲得や情報伝達、店頭露出、流通管理といった「下流」の施策にいくら力を入れたところで、売ろうとしている商品のCPが低ければ、すべての努力は無駄になりかねないのです。

それにもかかわらず、筆者の経験上、マーケティングというとなぜか、広告・PR・流通・SNS……といったものばかりが注目されるきらいがあるようです。これはまさにマーケティングの原理原則に目を向けていないために起きていることではないでしょうか。

ここまでお読みいただいた方には改めてお伝えするまでもないかもしれませんが、マーケティングにおいて最も大事なのは「CPの高い商品」を生み出すことです。この点は肝に銘じていただければと思います。

もちろん、「商品の存在を認知させる」「商品の内容を理解させる」「商品を送り届ける」といった活動をないがしろにしろということではありませんし、「上流」や「下流」というのも業務としての貴賤を意味してのことではない点には注意してください。

17

「気に入ってくれる人」は
どこにいる？
──ターゲットセグメンテーション

マーケティングの下流工程の部分について見てきました。いよいよ残すところは、下記の強調部分だけです。

【定義】マーケティングとは「一定費用の下で、**適切な買い手群にとってよりコストパフォーマンス（CP）の高い商品を生み出し、その存在を認知させ、その内容を理解させ、これを送り届けることによって、粗利を最大化する総合活動**」である。

商品のターゲットについては、すでに少しだけ触れましたが（98ページ）、ここでより詳しく見ていくことにしたいと思います。マーケティングの定義についての「なぜそう言えるのか？」の解明は、本節の内容をもってひと区切りとなります。

万人に好かれなくていい——「適切な買い手群」を見つける基準

　買い手の頭のなかにある戦場に自社の商品を送り込むためには、商品の存在を認知させ、その内容を理解させなければなりません。

　そうはいっても、企業はふつう、すべての生活者を対象にして、こうした活動を展開する必要はありません。また、マーケティングのための費用には上限がありますから、万人に商品を知らしめることは、現実的にはかなり難しいでしょう。

　また、これは極論ですが、もし商品をタダで配れば（コスト＝０）、その商品のCPはほとんどの人にとって「最高」になります。しかし、これでは企業側の粗利かマイナスになってしまいます。あくまでも粗利の最大化につながるようなCP水準を「最高」だと感じてくれる買い手こそが、自社にとって「適切な」買い手なのです。逆に、ここで間違った買い手群を選んでしまうと、いくら商品の認知を高めて魅力を訴求したところで、「いい商品だな！」とはなかなか感じてもらえません。これが定義の「適切な買い手群」に込めた意味です。

　その商品の内容を理解したときに、そのCPを「最高」だと思ってくれる人たち——これは、既存のマーケティング用語で言うところの**コアターゲット**です。この集合体が「独壇場」でした（100ページ）。

　コアターゲットのうちのどれだけの割合にアプローチしていくかは、粗利目標との兼ね合いによって決まります。この絞り込み作業が**ターゲットセグメンテーション**です。より多くの人にアピールしていけば、売上の期待値も上がりますが、その分、広告費などの費用も高くつくでしょう。逆に、ターゲットを絞れば、費用は節約できますが、その分、売上規模が小さくなるので、粗利の見込みも小さくなります。

　粗利を最大化できるようなターゲット層とその規模を見極めることも、

マーケターの重要な業務の１つなのです。

「それってどういう人なの？」を繰り返す——絞り込み

　ここで注意が必要なのは、ターゲットセグメンテーションと商品企画は本来「ニワトリと卵の関係」にあるということです。つまり、「自社商品を最高のものと評価してくれるコアターゲットは、どういう人なのか？」を徹底的に“翻訳”していく活動と同時に、「そういう人がほしがるのはどういう商品なのか？」という発想も求められることになります。

　とはいえ、狙うべき市場規模が概算できて、具体的なアプローチが見えてくるまで、まずは「それってどういう人なの？」という問いを繰り返していくといいでしょう。もちろん、この問いにダイレクトに答えてくれるずばりのデータがあるはずはないので、ある程度の推定（いわゆる**フェルミ推定**を含む）を混じえていくことになります。

　低カロリービールの場合で具体的に考えてみましょう。この商品のターゲットになり得るのは、当然ながら「摂取カロリーを気にしているビールドリンカー」です。カロリーを気にしていない買い手にとっては、「低カロリー」という価値属性は、商品のパフォーマンスにまったく寄与しない

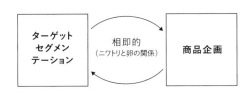

どういう買い手？　どういう商品？

コアターゲットの絞り込みと商品アイデアは“同時”に決まる

からです。

　では、摂取カロリーを気にしているビールドリンカーというのは、どれくらい存在するのでしょうか？　当然ながら、既存データはありません。まず「ビールを飲むのは人口の90%」というデータがわかっているとしましょう。

　このとき、ミドルドリンカー（週あたりの飲酒量が約2,000～5,000ml）が全体の消費量の25%を占めており、ヘビードリンカー（約5,000ml～／週）が全消費量の50%を占めているとします。ビールのカロリーを気にかける可能性があるのは、このヘビードリンカーたちでしょう。ここまで絞り込むだけでも、それなりに市場の規模感が見えてくるはずです。

手探りでも「ターゲットの仮説」をつくるべき

　一方、「カロリーを気にしているヘビードリンカー」に対して選択的にアプローチするには、どうすればいいでしょうか？　これは通常、コアターゲットが持っている**メディア特性**を検討します。つまり、この買い手たちがふだん、どんなメディアに触れているかを考えていくわけです。

　現代では、SNSやYouTube、検索キーワード、閲覧履歴などに基づいたターゲティング広告という手法が発達しているため、より細かくセグメンテーションしたアプローチが可能になっています。こうしたメディア戦略の部分については、それに特化した書籍などにあたっていただくのがいいでしょう。

　セグメントを絞り込んでいけば、訴求したい人にリーチできる確率は高まる一方、そうしたマーケティング手法は広がりを欠くリスクとも隣り合わせです。小さな広がりを積み重ねていくという手もありますが、そうなると当然、費用効率は下がりますから粗利の最大化にとってはマイナスに

作用しかねません。その場合には「もっと広く情報が届くメディアを使ったほうがいいかも……」というような試行錯誤が必要になってきます。

　いずれにせよ、特定の目的のためにデータを収集したりしないかぎり、ターゲットに関する情報はどこまでもラフなものにとどまらざるを得ません。

　しかし、ここで大切なのは、「自社商品を最高のものと評価してくれるのはこういう人である」という仮説データをつくることです。「どういう人が買ってくれているのか、よくわかりませんでした。データがありませんから……」と言っているかぎり、情報同士のさまざまな関係性は見えてきません。

　仮説があるからこそ、よりターゲットの解像度を高めていく手がかりが得られます。この繰り返しが、マーケティングの成功確率を上げることにつながっていくのです。

第 **4** 章

———

STRATEGY OF MARKETING

マーケティングの
「戦略」論

第2・3章では、本書なりのマーケティングの定義をご紹介し、各パーツについて「なぜそう言えるのか？」を徹底的に語ってきました。なぜそもそもこんな話をしているのかといえば、最適なマーケティングの行動を見きわめるには、マーケティングの定義が役に立つと筆者が考えているからでした。そこで本章では「なぜそう言えるのか？」に続いて、この定義が「どう役立つのか？」について一緒に考えていくことにしましょう。

18

「ニーズが潜在的である」
とはどういうことか？

　第13〜15節では「競争なきマーケティング」のあり方を検討しましたが、そこで見えてきたのは「新規買い手の獲得」は、あくまでもいわば偶然の副産物でしかないのではないかということでした。それゆえマーケターは、いきなり「新規買い手の獲得」を目指すのではなく、既存の買い手のなかに隠されている潜在ニーズを拾い上げて、新しい価値軸を生み出すことに注力するべきだ──これが筆者なりの結論でした（130ページ）。

　そうはいっても、買い手の頭のなかに眠っていて、本人も気づいていない潜在ニーズを、赤の他人であるマーケターが発見するなどということが、いかにして可能なのでしょう？
　そこでまず明らかにしておいたほうがよさそうなのは、「ニーズが潜在的である」とはそもそもどういう事態なのかということです。これを確認したうえで、潜在ニーズの把握のための具体的な手段を探っていくことにしましょう。

「本音」ではなにを求めているのか？

　ニーズが潜在的であるといっても、いろいろなパターンがあり得ます。もちろん、ニーズそのものが買い手の頭のなかに隠れていて、まったくだれにも意識されていないこともあるでしょう。しかし、より一般的なのは「顕在ニーズがはっきりしているようでいて、じつは別の潜在ニーズが隠れている」ような場合ではないかと思います。

　テレビ番組製作者によるニーズ発掘の例で考えてみましょう。当然ながら、この領域では「もっと面白い番組が観たい」という視聴者のニーズがすでに顕在化されていますしかし、じつのところその上位には「楽しく暇つぶしができるエンターテインメントがほしい」という潜在ニーズがあります。すでに紹介したニーズ／ウォンツの違い（100 ページ）をあえて持ち込むなら、「もっと面白い番組」はウォンツであり、「暇つぶしができるエンターテインメント」のほうはニーズということになるでしょう。
　視聴者の真のニーズは「楽しく暇をつぶしたい」ということにあるので、そのための手段は必ずしもテレビ番組でなくてもいいのです。

潜在／顕在は「人」と「タイミング」しだい

　どのニーズが潜在であり顕在であるのかというのは、相対的な違いにすぎません。より突っ込んで言うなら、潜在／顕在の区別は「だれにとっての区別なのか」「どの時点での区別なのか」に依存しているのです。だからこそ、ニーズ発掘について他者と話をすると、「私はこのニーズには以前から気づいていた（顕在ニーズだった）」とか「いや、このニーズは当時は見えていなかった（潜在ニーズだった）」というようなすれ違いが生まれるのです。

たとえば、ウォークマンは「どこでも音楽を楽しみたい」という潜在ニーズを顕在化した実例だと語りました。ですが、この商品が登場するより前にも、少々の重さを我慢しながら乾電池を入れたラジカセを持ち歩き、屋外で音楽をかけて楽しんでいた人たちはたしかに存在していたはずです。彼らにとって「どこでも音楽を楽しみたい」というニーズは、ウォークマン以前にもすでに顕在化されていたのではないでしょうか。

　また、そもそもこのニーズが潜在的だったのは、「ウォークマン以前」のことでしかありません。いまとなってはだれもがこのニーズに気づいてしまっていますから、もはや「どこでも音楽を楽しみたい」は顕在ニーズになっているのです。

　優秀なマーケターの仕事について、「あれくらいのアイデアは、自分も思いついていた」などといった後出しジャンケン発言をする人がしばしば見られます（114ページ）。この背景にあるのも、同じような事情でしょう。ニーズはいったん顕在化されると、それがたとえもともとは潜在的だったとしても、以前から顕在的だったかのように見えてしまうものなのです。

マーケティングはスピードの戦い──競合よりも早くニーズをつかむ

　以上からわかるとおり、あるニーズがまだ潜在的なのか、すでに顕在化されているのかは、厳密に区別できるものではありません。それは「人によって／タイミングによって」まちまちなのです。

　それを踏まえたとき、「潜在ニーズの発見」の意味合いも少し変わってくるのにお気づきでしょうか？　これは「ある人たちにしか見えていないニーズ」や「現時点ではまだ見えていないニーズ」を見出すことにほかならないのです。

　もしそうなのだとすれば、基本的にマーケティングはすべて「スピード

の戦い」であると言うことができます。マーケターの敗北とは、単に買い手の潜在ニーズを発見できなかったのではなく、買い手の潜在ニーズを競合よりも早く発見できなかったことを意味するからです。

　潜在ニーズの発掘において、競合に後れをとったとき、われわれは「当社もほとんど同じことを思いついていた」「アイデアだけはうちにもあった」などと言います。しかしこれは、買い手の潜在ニーズを引き出すスピードにおいて、競合他社よりも劣っていたということを意味しているのです。

19

「学ぶ」ことで
潜在ニーズをつかむ方法

「潜在ニーズの発見」とはなんなのかを理解するため、ひとまず「ニーズが潜在的であるとはどういうことか」について明らかにしてきました。さらに押さえておく必要があるのは、ここで言う「発見」の意味です。「ある人たちにしか見えていないニーズ」や「現時点ではまだ見えていないニーズ」が見出されるとき、そこにはどんなパターンがあるでしょうか？　結論から言うなら、これには2つの方法があります。

① **考える**──自分の「内」にある情報を引き出す
② **学ぶ**──自分の「外」にある情報を取り入れる

　序章で示唆しておいたとおり（26ページ）、現代のマーケティングにおいては、「①考える」ことが決定的な意味を持っています。これについては次節以降でじっくり語っていくことになるので、ひとまず本節では「②学ぶ」のほうを先に見ていきましょう。といっても、これを軽視してはいけません。現時点においても、まだまだ「学ぶ」マーケティングが有効な局面は、いろいろと存在しているからです。

「外部の顕在ニーズ」を "輸入" する——空間・時間・カテゴリー

ところで、「潜在ニーズを学ぶ」というのは、ちょっと矛盾した表現に感じられるかもしれません。頭のなかに眠っていて、顕在化できていないニーズなんて、ふつうは学べるはずがありませんから。

ですが、前節で見たとおり、あるニーズが潜在的だと言えるのは、マーケター自身や目の前の買い手にとってのことでしかありません。別のところに目を向けたとき、そのニーズはとっくに顕在化されているということは決して珍しくありません。この「別のところ」には、だいたい３つのパターンがあります。

① 別の「空間」における顕在ニーズ
② 別の「時間」における顕在ニーズ
③ 別の「カテゴリー」における顕在ニーズ

①の「別の空間」でいちばんわかりやすいのは「外国」でしょう。たとえば、アメリカの買い手たちにとっては、すでに顕在ニーズになっているけれど、日本人のあいだではまだ潜在的にとどまっているという場合です。その場合、アメリカ人の顕在ニーズを学ぶことで、日本人の潜在ニーズを把握することができます。もちろん、国の違いだけではなく、日本国内での首都圏／地方といった空間上の違いでも、潜在／顕在のギャップは見られるでしょう。

②の「別の時間」としては、過去の顕在ニーズから現在の潜在ニーズをつかむようなケースです。これは、嗜好性の高い商品（つまり、機能性パフォーマンスよりも、情緒性パフォーマンスの占める割合が大きい商品）

147

においてよく見られる手法です。

　わかりやすいのは「ファッション」でしょう。たとえば、男性用のトラウザーズにおけるタック（ウエスト前側についているヒダ。プリーツとも呼ばれる）です。ここ 15 〜 20 年くらいは「ノータック」のものが主流でしたが、近年では筆者が若いころに身につけていたような「タックあり」がかなり増えています。

　おそらく買い手側の「飽き」が潜在ニーズをつくり出すのでしょう。ファッションにおける流行のように、一定期間を経てトレンドが繰り返す分野においては、過去に顕在化されていたニーズに学ぶことで、現在では見えなくなっているニーズに気づくことができます。

　これは、たとえば「今年の流行カラー」へのニーズを植えつける啓蒙のマーケティング（115 ページ）とは、本質的に異なっていることもわかると思います。

　③の「別のカテゴリー」は、ある分野で顕在化されているニーズを、別の分野に水平展開するようなパターンです。たとえば、タバコを買う人のあいだでは「健康志向」ニーズが顕在化され、いち早く低タール・低ニコチンの商品が広がっていました。こうした「健康にいい、健康を害さない」というニーズの学習は、別の商品カテゴリーの潜在ニーズ発掘にも大いに役立ったと言えるでしょう。

途上国がとるべき、最も合理的なマーケティング戦略

　目の前の買い手が気づいていない潜在ニーズを探りあてるため、別のところで顕在化しているニーズを学ぶというやり方を見てきました。これには空間・時間・カテゴリーといった違いがありましたが、割合としては、①の「別の空間に学ぶ」パターンが、いちばん多くなるように思います。

②の「過去に学ぶ」マーケティングが有効なのは、どうしても嗜好品のジャンルに偏りがちですし、③のように「別のカテゴリーに学ぶ」にしても、どの分野での成功事例を"輸入"するかをいちいち見極めなければならないからです。

実際、かつて日本のマーケティングにおいては、「海外に学ぶ」ケースが圧倒的多数でした。戦後日本には海外から学ぶべきことがたくさん存在していたからです。海外のプレイヤーからどれだけ早く学び、どれだけ早く実行できるかが、企業の勝敗を決めていた時代がありました。

「学ぶ」というと聞こえがいいですが、これは要するに海外の模倣であり、もっと言えば「パクり」です（よく言われるように、「まなぶ」の語源は「まねぶ」ですから、当然といえば当然ですが）。そのため「猿マネが上手」な日本人は、かつて「イエローモンキー」と揶揄されていたわけです。

しかし、日本企業がこのような戦略をとったのには、合理的な理由がありました。つまり、当時の日本は「学ぶ」に特化したほうが、圧倒的に効率がよかったのです。

のちほど見るように、「考える」には一定の困難が伴います。それに比べると、海外での成功事例を輸入して、それを国内マーケットで展開するほうが圧倒的に楽でスピーディなのです。

この意味において、一般的に発展途上国が学歴社会になるのには、致し方ない事情があります。そうした国では、外国の成功事例を模倣する（学ぶ）能力が高い人間ほど、より価値の高い人材として評価されるからです。

日本のマーケターにとって「学歴」が無意味になった理由

一方、これもまたよく言われるように、近年の日本においては「学ぶ」

の価値はかなり落ちています。

その理由としてまず、学ぶための手段が飛躍的に進化し、学べる機会が平等化してきたことがあげられます。たとえば、かつてに比べればMBA留学の費用も安くなりましたし、わざわざ留学せずともウェブを開けば、MBAで学ぶようなことはだれでもいますぐに調べられます。かぎられた人しか知り得ない情報というものが、以前よりも少なくなったのです。

また、マーケットがグローバル化したことも、「学ぶ」の価値が下落した要因になっているでしょう。いまでは「師匠」である海外と戦う局面も増えてきたので、相手のマネごとをしているかぎり、なかなか勝つことはできません。

最後に、全世界レベルで見れば、学ぶ能力が高い人間なんてごまんといます。東京大学の卒業者は、日本ではかなり「学ぶ」が得意な希少人材でしょうが、世界全体に目を向けると、その程度の秀才は珍しくもなんともないのです。

環境が整っていない領域ほど、「学ぶ」を生かすチャンスがある

ただ、誤解しないでいただきたいのが、「学ぶ」のマーケティングは、完全に有効性を失ったわけではないということです。外部の事象に学ぶことで、買い手の潜在ニーズを発見できる余地は、まだまだ存在しています。とくに、学んだアイデアを応用しようにも、なんらかの「明確な障害」が邪魔をしている領域には、チャンスが眠っていると言えるでしょう。

わかりやすいのは、法規制や特許などの外的障害です。海外でふつうに流通していても、法規制のせいで国内で市販できない薬品は数多存在します。こういう場合、規制緩和のためにみずからロビイングを行ったり、法改正の情報を競合よりも早く察知したりすることで、学んだアイデアを生

かす余地が生まれます。たとえば、飲酒運転が厳罰化されたことで、ノンアルコールビールのマーケットは、飛躍的に拡大しました。

また、障害が内側に存在しているケースもあるでしょう（内的障害）。国内の市場がまだ成熟しておらず十分な規模がなかったり、資材調達のルートが確保されていないせいで製造費用が折り合わなかったり、販売のための経営資源が不足していたりする場合です。

たとえば、低カロリービールです。アメリカではかなり以前から、低カロリービールが大きな人気を博していました。しかし、日本国内ではマーケット規模が見込めず、なかなか本格的な導入に至らなかったのです。その後、時を経て日本でも健康志向のトレンドが広がった結果、低カロリービールは大きな市場を獲得することになりました。

このように、なんらかの障害があるせいで、学びが生かせないことがはっきりしている分野には、一定のポテンシャルが見込めます。その障害が取り除かれさえすれば、すぐさま実行に移せるわけですから。その意味で、さまざまな顕在ニーズについての学びは、いますぐには効果を生み出さないとしても、ある程度の時間差を経て大きな粗利につながる可能性を孕んでいるのです。

ですから、**海外におけるビジネスの成功事例を学ぶことには、やはり一定の意義があります**。とくに大事なのは、ただ漫然と情報を集めるのではなく、「なぜそのビジネスが実行／成功できたのか？」といった成功要因を分析するクリティカル・シンキングの視点です。うまくいった要因に目を向けることで「自社に不足しているもの」が見えてきます。逆に、「なるほど」「そうだよね」「たしかに」と言っているばかりの人は、いつまで経っても学びを生かせません。

現状とのギャップが見えてきたら、あとはそれが埋まるのを待つか（市

場形成の観察・法整備の観察など）、みずからそれを埋めるか（製品開発・技術開発・特許の利用許諾・ロビー活動など）のどちらかです。ギャップがなくなったときが、学んだビジネスを実行すべきタイミングです。

20

「考える」概論
──優秀なマーケターが頭のなかでやっていること

　買い手の潜在ニーズをつかむ方法としての「学ぶ」について見てきました。これは別の空間・時間・カテゴリーにおいて顕在化されているニーズの知識を得て、それを目の前の買い手に応用する活動を意味していました。

　一方で、「学ぶ」だけで潜在ニーズをつかめる場面というのは、現代ではかなりかぎられています。そんなチャンスはそうそう転がっていません。そこで必要になるのが「考える」という行為です。序章で筆者が「マーケターとは考える職業である」（26ページ）と予告しておいたのには、このような事情があります。いよいよこの点について、じっくりと解明していくことにしましょう。

そもそも「考える」とはなにか？──アイデア顕在化の２パターン

「学ぶ」が「自分の外」にある情報を集めていくことだとすれば、「考える」のほうは「自分の内」から情報を引き出していく行為です。

　私たちの脳内にはいろいろな情報が眠っており、日常のなかで必要に応じてそれらを取り出しています。このように「頭のなかの情報を引き出すこと」こそが「考える」の基本です。アイデアの発想にせよ、ニーズの発見にせよ、自分のなかに潜在的に眠っている情報を「顕在化させる」とき、

153

われわれは必ず「考えて」いるのです。

　ここまではマーケティングの文脈に限定していたため、「潜在／顕在ニーズ」という言い方をしてきましたが、ここではいったん「考える」に伴う一般的な構造を理解していただきたいので、ひとまず「潜在／顕在アイデア」という表現を用いることにしましょう。混乱しそうな人はとにかく、「アイデア＝情報」と理解して、「潜在＝頭のなかに眠っている情報」「顕在＝意識化された情報」ととらえていただければ、とくに問題ありません。

　さて、「考える＝潜在アイデアの顕在化」とひと口にいっても、これには２通りがあります。

① アイデアを「生のまま」引き出す
② アイデアを「加工して」引き出す

　①の「生のまま引き出す」は、試験の暗記問題をイメージしてもらうといいでしょう。「1582 年、本能寺において織田信長を討ったのは？」と聞かれて、「明智光秀」という答えを出すためには、すでに頭のなかに存在しているアイデアをそのまま取り出すだけで事足ります。この情報が頭に入っていない人は、「明智光秀」を顕在化することができません。

　他方で、②の「加工して引き出す」のほうは、いわば応用問題です。このとき、引き出されるべき潜在アイデアは、最初から頭のなかにあるわけではありません。その時点までに持っていたアイデアに手を加えて、いまだ存在していなかったアイデアを「つくり出す（創造）／見つけ出す（分析・発見）」プロセスが必要になります。

　実際、テストで応用問題を解こうとするときを思い返してみれば、その場でアイデアを組み立ててから、それを顕在化させるというステップを踏んでいるはずです。

「考える」における敗北の２種類——「しまった」と「まいった」

　以上の２パターンを踏まえたうえで、今度はアイデアの顕在化が「うまくいかなかった」ときのことを振り返ってみたいと思います。「考える」において失敗や敗北を経験するとき、つまり、あとになってから「うーん、うまく考えられなかったなあ」という思いを抱くとき、ここにも２種類の原因があり得ます。

① 潜在アイデアはあったが、顕在化できなかった
② 潜在アイデアすらなく、顕在化しようがなかった

　原因①は、端的に言えば**ど忘れ**です。これは、「生のまま」だろうと「加工あり」だろうと、アイデアの引き出し作業のどちらにもあてはまります。暗記問題（生のまま）で言えば、テストが終わったあとに「あ〜、なんで『明智光秀』が出てこなかったんだろう！」と悔しがるようなケースです。

　応用問題（加工あり）の場合においても、あとになって「あ〜、もうほとんど思いつきかけていたのに！」と地団駄を踏んだ経験は、だれにでもあるのではないでしょうか。また、ビジネスの文脈でも、たとえばiPhoneが世に登場した当初、いくつかの国内企業では「そうそう、そういう製品があれば売れると思っていたんだよね」「うちにもタッチパネル式携帯電話という発想はあったんですよ」などという声が聞かれました。

これもまた、加工済みの潜在アイデアが頭のなかにあったのに、その顕在化ができなかった例だと言えるでしょう。これも広い意味では企業レベルでの「ど忘れ」の部類に入ると思います。

　もう1つの原因②は、そもそも潜在アイデア自体が頭のなかに存在しなかった場合です。これには2パターンがあり得ます。

　まず、テストで解けなかった暗記問題（生のまま）の正解を聞かされても、「そもそも知らない。知識がないから答えられなくても仕方なかったな……」と感じるパターンです。

　また、競合企業の出したソリューションがあまりにも先進的だったり、ライバルの解法があまりにもすぐれていたりして、「そもそもこんな発想は頭の片隅にすらなかった……」「どうやったらこんなことを思いつくんだろう……」と実感させられることもあるはずです。アイデアの加工（創造・分析・発見）の段階で相手に引けをとっているので、そもそも顕在化させようがないわけですね。

　後者はいわば「完敗」の状態です。潜在アイデアすらないのだから、それを引き出せるはずがありません。このとき、われわれは「**まいった**」という思いを抱くはずです。

　これに対して、前者（原因①）のような負けは「惜敗」に分類されるでしょう。潜在アイデアはあったのにそれを顕在化できず、同じようなレベルのライバルの後塵を拝してしまった——。「思いつけるはずだったのに、ど忘れしていた」「勝てるはずの戦いに敗北してしまった」——こういうとき、われわれのなかには「**しまった**」という感情が生まれます。

ほとんどの敗因は「しまった」である

「うまく考える」とは、こうした「まいった」や「しまった」を減らして

いく活動だと言えるでしょう。

　みなさんの日常を振り返ったとき、より頻繁に見られるのは「まいった」と「しまった」のどちらでしょうか？　つまり、現実のビジネスでなんらかの失敗や敗北を経験するとき、その要因は「アイデアの顕在化ができなかったこと」にあるのか、それとも「アイデアの創造／分析・発見ができなかったこと」にあるのか──？　ちょっと考えてみてください。

　じつのところ、これまで筆者がさまざまな人に聞いてきたかぎりでは、８割以上から「『しまった』の敗北のほうが圧倒的に多い」という答えが返ってきました。つまり、ほとんどの人が「潜在的にはアイデアを持っていて、（あとから振り返ると）自分たちにも引き出せそうな発想だったのに、うまく引き出せなくて負けてしまった」と感じているようなのです。

　一方、若手社員や異動・転職したての人に同じ問いを投げてみると、「『まいった』が多い」という答えが多くなります。これは当然ですね。彼らはそもそも頭のなかにある潜在的なアイデアの絶対量が少ないので、「しまった」という感情を持ちようがないのです（この点の分析に興味がある方は拙著『あの人はなぜ、東大卒に勝てるのか』をご覧ください）。

　ここで押さえていただきたいのは、「考える」をめぐる競争の大半は「『しまった』の思わせ合い」だということです。つまり、自分も競合も頭のなかに同じような潜在アイデアを持っており、それをよりすばやく引き出すこと（顕在化）に成功したほうが、アイデア発想やニーズ発見の勝者になるのです。

　逆に、だれも思いつかないような独創的なアイデアを生み出して、ライバルたちに「まいった」と言わせるようなケースはかなりレアです。それにもかかわらず、多くの人がアイデア競争ではこうした「完勝・圧勝」をイメージしてしまっていないでしょうか。

　潜在アイデアのレベルでは、われわれとライバルのあいだには大差がな

いというのが現実です。考えるのがうまい人というのは、だれもがあとほんのちょっとで引き出せそうなアイデアを、ひと足先に引き出しているにすぎないのです（もちろん、それがとても難しいわけですが）。

「思考の戦場」で勝率を高めるには？
──「速さ」こそが惜敗を減らす

したがって、われわれが本気で問うべきは、いかにして「しまった」を減らすかです。「しまった～！」と歯噛みする惜敗をつぶしていくことこそが、「思考の戦場」での勝率を高める最短ルートなのです。

本来なら引き出せたはずの潜在アイデアがなぜ顕在化できなかったのか？　どうしてライバルが引き出せたアイデアを、自分たちは「ど忘れ」してしまったのか──？　これらの問題から目を背けて、「あの程度のことなら、こちらもほとんど思いついていたよ」などと嘯いている人・企業は、正しい自己認識ができていないと言っていいでしょう。

そもそも、それなりに知識や経験を蓄積していけば、「まいった～！」と唸る圧倒的な負け方をする機会は意外と少ないはずです。そういう人がさらに勉強を積み重ねたところで、なかなか成果にはつながりづらいのが実情でしょう。また、知識に圧倒的な実力差があるのだとすれば、それをひっくり返すのは並大抵のことではありません。

逆に、もしあなたが日頃から膨大な「まいった」をほんとうに味わっているのだとすれば、それは単純な実力不足（戦う戦場を間違えている）か、知識・経験不足（頭のなかの潜在アイデアが少なすぎる）である可能性が高いでしょう。だとすれば、あなたに必要なのは、アイデア以前のところでの対応だということになります（個人なら転職・異動や学習・スキルアップ、企業なら事業ドメイン・市場の変更や情報収集など）。

21

——

マーケティングは
アートである
——「自分を掘る」ということ

　前節で見てきた「考える」全般の本質を、マーケティングの文脈で捉え直してみましょう。

　商品を買い手に提供するためには、なによりもまず、その商品のアイデアを引き出さねばなりません。この顕在化のプロセスを担うのが、組織内のマーケティング部門であり、「社内マーケターの集合体」です。なんらかの商品が日の目を見たということは、マーケターの集合体の頭のなかにあった潜在アイデアを顕在化し、商品として実現・生産できたということを意味します。

　一方、前節で確認したことを踏まえるなら、そのアイデアは競合他社が抱えるマーケターたちのなかにも眠っていたと考えるのが自然でしょう。だとすると、自社がライバルに競り勝てたのは、「業界内のほとんどのマーケター」の頭のなかにあったアイデアをいち早く引き出せたからにほかなりません。

　143ページで見たとおり、潜在／顕在の区別は相対的である以上、競争に勝つうえで大切なのは、現時点ではまだ潜在的にとどまっているアイデアを、競合よりも早く顕在化することなのです。「ビジネスはスピードが命」

などとよく言われますが、この視点からすると、これはまったく正しいと思います。

「どの部分」を考えるのか？──顕在化すべき対象

次に問題になるのが、マーケティングにおけるアイデアの顕在化にも、いくつかのフェーズがあるということです。つまり、ひと口に「考える」といっても、どの部分を考えるかによっていくつかの段階があります。

① **ニーズが顕在的なとき**──買い手の顕在ニーズを満たす「実現方法」のアイデアを引き出す
② **ニーズが潜在的なとき**──買い手の潜在ニーズを引き出し（a）、それを満たす「実現方法」のアイデアを引き出す（b）

①については、比較的イメージしやすいと思います。たとえば、「がんを完治させたい」というのは、多くのがん患者やその家族が持っている顕在ニーズです。製薬会社はそれを満たすべく、新たな薬剤の開発に向けて日夜努力しています。

また、大衆車のマーケットにおいて、「燃費のよさ」というのは永遠の顕在ニーズです。だからこそ、自動車メーカーは、少しでも燃費性能を高めるための技術開発を続け、ハイブリッド車などを生み出してきました。これも顕在ニーズを満たすための「実現方法」を考える行為だと言えます。

他方で、②には2段構えの苦労（aとb）が存在しています。このうち、ステップbは実質的には①と同じですから、注目すべきは「買い手がどん

な潜在ニーズを持っているのか？」を探るステップ a のほうでしょう。

　われわれは前章までの考察を通じて、マーケティングの核心は「新規市場での買い手の獲得」ではなく、「既存市場の買い手が持つ潜在ニーズの発見」である、という結論に至りました。そこで、潜在ニーズを探りあてるための方法として、「学ぶ」に続いて「考える」という道を検討していたわけです。

　では、買い手の潜在ニーズを引き出すためには、どうすればいいのか？　究極的には「マーケター自身の頭のなかを掘る」しかないのではないかと筆者は考えています。

　近年は、アンケート回答、過去の購買行動、SNS の利用傾向、キーワード検索やウェブ閲覧の履歴といったデータを解析し、買い手の隠されたニーズを探索する方法が注目を集めています。「マーケター自身を掘る」というアプローチは、こうしたトレンドと真っ向から対立するように思われるかもしれません。

　まず断っておきたいのは、筆者はこうした手法自体を否定しているわけではないということです。ただし、どれだけデータを集めて解析する前には、必ず「そこにはこういうニーズが隠れているのではないか？」という仮説が必要になります。仮説がないままデータを収集・分析しても、それは意味がありません。

　マーケターが買い手の潜在ニーズを導き出すときには、自分自身のなかにある「内なる買い手」に目を向けて、そこから潜在ニーズを汲み上げる作業が必要になるのです。そして、そのうえで「どんな商品ならそのニーズを満たしてくれるだろうか？」「もし自分なら、ほんとうにこういう商品を必要だと思うだろうか？」を振り返っていくわけです。

最高のマーケターは「内なる買い手」に聞く

　お笑いの世界に「あるあるネタ」というものが存在します。これは、買い手（ネタの観客、テレビ視聴者など）の頭のなかに潜在的に眠っているアイデアを顕在化してみせ、「たしかにあるある！」という実感を生み出すことで、笑いを生み出すテクニックだと言えます。

　しかし、「マーケター」としての芸人は、こうしたアイデアをどうやって発見しているのでしょうか？　それはあくまでも「自分を掘る」ことによってであるはずです。

　大ヒットしたポップスの歌詞や、心に刺さる広告のキャッチコピーなども同じです。それらはたしかに、受け取り手の頭のなかにも眠っているアイデアであり、だからこそ「あるある！」「そうそう！」という共感を呼ぶわけですが、もともとはそれを考えた作詞家・コピーライター・お笑い芸人の頭のなかから顕在化されたものなのです。

　この意味において「**マーケティングはアートである**」というのは、まさに真理だと思います。すぐれた創作物には鑑賞者に「これは私のことを描いている！」「これは自分のための作品だ！」と思わせるパワーがありますよね。

　そうした洞察は、あくまでも創作者自身の内面を探索することでしか得られません。作家の村上春樹さんは、自身の執筆活動について、しばしば「アートとしてのマーケティング」を思わせる表現をされています。

　「書くことによって、多数の地層からなる地面を掘り下げているんです。僕はいつでも、もっと深くまで行きたい。ある人たちは、それはあまりにも個人的な試みだと言います。僕はそうは思いません。この深みに達することができれば、みんなと共通の基層に触れ、読者と交

流することができるんですから。つながりが生まれるんです。もし十分遠くまで行かないとしたら、何も起こらないでしょうね」
（村上春樹『夢を見るために毎朝僕は目覚めるのです』文藝春秋、155ページ）

村上さんは「鉱山採掘」のほかにも、「井戸掘り」や「地下室」などのメタファーを用いながら、「自分を掘ってこそ、他者につながることできる」というメッセージを随所で繰り返しています。

筆者はまさにこれこそが、マーケターという仕事の本質ではないかと考えています。リサーチ分析の結果をただ見ているだけでは、隠されたニーズを探りあてることはできません。マーケターは自分の頭のなかを掘り下げて、その奥底からアイデアを汲み上げることでしか、買い手の潜在ニーズにアプローチできないのです。

補論——マーケターと買い手は「似ている」べきか？

こうした点を突き詰めるならば、たとえば男性マーケターに女性向け商品を担当させるのは、やはり得策ではないと筆者は考えます。

実際、筆者が広告代理店にいたころには、そういう人材配置をしている企業がありました。ひょっとすると現在でも、「中高年向けメディアの運営をあえて若手社員に担当させる」とか「女性向けコスメ商品の開発チームに男性メンバーを入れる」といった例が存在するかもしれません。

しかし、マーケティングの中心課題が、既存の買い手が持っている潜在ニーズを引き出すことなのだとすれば、こうした人選が功を奏することはないでしょう。

上述の「男性マーケターに女性向け商品を担当させる」という例で考えてみます。たとえば、買い手が抱いている潜在ニーズがとても直接的で、「生のまま」のアイデアを顕在化しさえすれば、市場が求めている商品を生み出せる状況にあるのだとしましょう。

　もしそうだとしても、男性マーケターはその潜在ニーズに気づくことができません。なぜなら、彼の頭のなかには、買い手と同じ潜在ニーズが存在しないからです。それは女性向け商品におけるニーズなのだから、ある意味では当然のことです。

　一方、顕在化されるべきなのが「加工されたアイデア」である場合は、どうでしょうか？　アイデアを加工するプロセスに性差はないはずです。

　しかし、アイデアを加工（創造／分析・発見）によって生み出すには、材料となるアイデアが必要です。そして、それには顕在的なものもあれば潜在的なものもあるでしょう。

　前者についていえば、すでに顕在化されている以上、なんらかの仕方で「学ぶ」ことができます。他方で、潜在的なアイデア材料となると、やはり男性マーケターのなかにあることは期待しづらいでしょう。したがって、彼は「加工」によっても、買い手の潜在ニーズに応えるアイデアを引き出すことはできないことになります。

　もちろんニーズがすでに顕在的になっていれば、男性マーケターでもそれをあとから「学ぶ」ことができます。しかし、潜在ニーズは「学ぶ」ことができません。だからこそ、マーケター自身が買い手と同じ潜在ニーズをもともともっているか、あるいは、創造か分析・発見によって探りあてるかをするしかないのです。それができないとマーケターが務まりません。この意味で、女性向け商品のマーケティング業務においては、やはり男性は圧倒的に不利なのです。

　もちろん、わざとその商品のコアターゲットではない人をマーケティング担当にすることで、なにか新しい視点が生まれることはあり得ます。こうした期待のもとで、変則的なマーケター人事をしている企業もあるでしょう。商品が女性向けのものであったとしても、それを使ってくれる「男性ユーザー」を開拓しようとしているなら、あえて男性のマーケターを配置するほうが適切なはずです。

　しかし、そうやってターゲットをずらす施策が有効な商品ばかりではありませんし、それがうまくいく確率は決して大きくはないはずです。メディアなどは「あのヒット商品の裏には、意外なマーケターの存在があった！」と煽りがちですが、これらはきわめて特殊な事例だということを忘れてはいけません。

　マーケティング担当の大原則は、その商品を「自分ごと」として捉えられる人、買い手と同じ潜在ニーズを持っている人です。そうでない人を配置した場合の損得で言えば、損のほうが多いのではないか――これが筆者なりの結論なのですが、みなさんはどうでしょうか？　ご自身なりの答えをぜひ考えてみてください。
　なお、ここでの筆者の力点はあくまでも、マーケターが買い手と同じ潜在ニーズを持っているべきではないかということにあります。誤解する方はまずいないと思いますが、仕事における性差を強調・助長する意図は決してありませんので悪しからず。

22

—

「どの順序」で考えるか？
――戦略立案への具体的ステップ

　このあたりで、マーケティングの定義をもう一度振り返っておきます。

【定義】マーケティングとは「一定費用の下で、適切な買い手群にとってよりコストパフォーマンス（CP）の高い商品を生み出し、その存在を認知させ、その内容を理解させ、これを送り届けることによって、粗利を最大化する総合活動」である。

　マーケティングが本質的にこうした活動である以上、マーケターはつねに次のような意思決定をすることになります。

「（　A　）という商品を生み出し、（　B　）という買い手群に（　C　）という方法でその存在を認知させ、（　D　）という方法でその内容を理解させ、（　E　）という方法で送り届けることで、○○○という費用の下での（　F　）という最大粗利を達成しよう」

　これは上記の定義をいわば変形させたものです。70ページで見たとおり、マーケティングの費用総額の決定は、マーケター自身の領分ではありません。したがって、「○○○」の部分はつねに「所与のもの」となっています。

　しかし、それ以外のA〜Fについて言えば、つねにすべてが与えられているとはかぎりません。マーケターが自身の職務を全うするためには、これらすべてが決まっていなければならないのです。外部の状況から「学ぶ」ことで、それぞれの変数を確定できる場合もありますが、それが叶わないときにはみずから「考える」ことが必要になります。

　しかし、ここで問題になってくるのが具体論です。つまり、それぞれをどんな順序で考えていくべきか、ということです。

　読者の立場によっては、売るべき商品（A）や狙うべき買い手（B）、達成するべき粗利（F）などがすでに決まっているかもしれません。ですが、本節以降では「潜在ニーズに応える商品をゼロから実現しようとする場合」を想定しながら、具体的な戦略立案ステップを考えていくことにします。各人の置かれている状況に応じて、それぞれアレンジしてみてください（すでに条件が与えられているケースについては、209ページ以降で補足しています）。

ビジネスの目標とは「成果の期待値」である——実現可能性

　さて、ここからマーケティング戦略を考える際の手順を見ていきますが、まずは概略をご紹介しておくことにしましょう。まだそれぞれの意味を細かく把握していただく必要はありませんが、筆者は以下の7つのステップを考えています（ここからの記述は、このステップに沿って進んでいきます。ここに付箋やブックマークをつけておくことをおすすめします）。

[ステップ①] マーケティング活動における自社の「成功例と失敗例」を把握する
[ステップ②] ①の前提となった自社の「経営資源」を把握する
[ステップ③] ②の「継続性」を推定する
[ステップ④] ①に反映されていない「経営資源」を把握し、その「継続性」を推定する
[ステップ⑤] ②〜④および割りあてられた一定の費用を立脚点として「買い手のニーズ」を探索し、マーケティング手法と粗利目標の仮説を複数構築する
[ステップ⑥] ⑤のうち最も粗利が大きいものを「最適な仮説」として選択する
[ステップ⑦] ⑥の仮説を「検証」する

　注目してほしいのは「目標設定」が冒頭に来ていないという点です。マーケティングの目標である「粗利」が登場するのは、ようやくステップ⑤になってからであり、その前にいろいろな分析が先行していることが見てとれますね。なぜこうなるのか、というあたりから話をはじめていきましょう。

　「マーケティング戦略を立案するときには、まず目標を設定すべきだ」と言われることがあります。マーケティングとは一種の行動ですから、その成否を評価するためにはなんらかの目標が不可欠です。マーケティングには必ず目標が先行し、その内実は粗利である——ここまで何度か確認してきたとおりです。

　しかしだからといって、個別のマーケティング戦略が具体的にいくらの粗利を目指すのかは、それ単独で決まるわけではありません。「じゃあ、今回はこれくらいの粗利を達成してくださいね」などと、いきなりなんの脈絡もなく目指すべき到達点が設定されることは、ふつうあり得ないのです。

　なぜなら、ビジネスの世界における目標は、**実現可能性**を前提とするからです。達成できる可能性がゼロなら、それは目標というより単なる妄想や無茶振りでしょう。しかるべき達成手段が存在しており、それを実施しさえすれば「ふつうは達成できる」ときに初めて、それは目標と呼ばれます。

　ここで「ふつうは達成できる」という言い方をせざるを得ないのは、どんなビジネスも「やってみなければわからない」部分を含んでいるからです。したがって、その手段をとったときに期待される成果（確率論における**期待値**）を上回ってしまっている場合、それは実現可能性を欠いており、目標とは呼べません。

　期待値は「得られる値×それが起こる確率」の和によって求められます。たとえば、サイコロを１回振って出る目の期待値は「$(1 \times 1/6) + (2 \times 1/6) + (3 \times 1/6) + (4 \times 1/6) + (5 \times 1/6) + (6 \times 1/6)$」なので「3.5」となります。

　もう少し、マーケティング戦略寄りの話で考えてみましょう。たとえば、マーケティング戦略Ａでは、100億円の粗利を実現できる確率が1％、1億円の粗利に落ち着く確率が99％だとしましょう。他方で、戦略Ｂのほうは5％の確率で50億円の粗利を達成でき、95％の確率で粗利1億円になるとします。このとき、それぞれの戦略の期待粗利（粗利の期待値）は下記のように計算できます。

戦略 A の期待粗利　**1.99 億円** = 100 億円 × 0.01 ＋ 1 億円 × 0.99
戦略 B の期待粗利　**3.45 億円** = 50 億 × 0.05 ＋ 1 億円 × 0.95

　この場合、期待粗利がより大きい戦略 B のほうが、よりすぐれた戦略
だということになります。そして、戦略 B が採用された場合、3.45 億円
というのは十分に実現可能性がある目標だということになるでしょう。こ
れは「ふつうに仕事をすれば達成できるはずの粗利」であり、いわゆる**必
成目標（必達目標）**ということになるでしょう。

　他方で、少しでも粗利を最大化しようとする現実のビジネスにおいては、
期待値よりも少し高いところに目標が設定されることもあります。こちら
は**望成目標（努力目標）**などと呼ばれます。

　しかし、繰り返しになりますが、ビジネスの目標はあくまでも実現可能
なものでなければいけません。サイコロの例で言えば「7」というのは、
実現可能性を無視した無茶な数字ですし、戦略 B を採用しておきながら
「100 億円」の粗利を目指すのは、デタラメ以外のなにものでもありません。
あくまでも、勝ち目があることに向かって費用を投じ、実現可能な到達点
を目指すのが、ビジネス上の目標なのです。

　さらに、ビジネスの目標には「時間」が内在することも押さえておきま
しょう。これは言い換えれば**達成期限**です。つまり、マーケティング戦略
の目標はつねに「○○（期限）までに××（期待粗利）を達成する」とい
うかたちをとることになります。

「ニーズからはじめよ」はほんとうか？

　実現可能な目標を立てるためには、自分たちの成果の期待値を割り出さ

ないといけません。マーケティングで言えば、「自分たちならいついつまでにこれくらいの粗利を達成できるはずだ」というラインを推定するわけです。これがマーケティングの現実的な目標になります。マーケティングには「目標設定」が先行すると書きましたが、目標設定には「期待値の推定」がさらに先行するのです。

　７つのステップのうち、⑤まで粗利という目標が登場していなかったのには、このような背景があります。つまり、ステップ①〜④は目標設定のための準備段階であり、「そもそも自分たちは、どれくらいの成果を実現できそうなのか？」を推定する作業をしているわけですね。

　次に問題になるのが、どうすれば自分たちの「期待粗利」を推定できるかということです。
　このとき、よく言われるやり方として、買い手のニーズを起点とした発想があげられます。自分たちの事情は度外視したうえで、「Ａというニーズを持った買い手が、Ｂという規模で存在しているので、Ｃという手段をとれば、これくらいの粗利を期待できる」という考え方です。いわゆる**ニーズ発想**です。
　本節で考えているのは、マーケティング戦略を立案するときの「順序」でした。しかし、現実を振り返ってみると、このような純粋なニーズ発想に基づくケースは、ほとんどないように思います。ほんとうにマーケターたちがニーズだけから戦略を考えているなら、次のような荒唐無稽なケースも生まれるはずです。

調査したところ、「無糖アイスクリーム」に対する潜在ニーズを持つ買い手は、年間のべ100万人ほど存在している。この市場に向けてマーケティングを行えば、単品あたりの粗利は100円なので、年間１億円

の粗利が見込めるはずだ！

……しかし冷静に考えたら、当社はタクシー会社だった。
よって、このマーケティング戦略は実施できない。

いかがでしょう？　わかりやすさのためにかなり極端な例にしていますが、現実にこんなことが起こり得ないのはなぜなのでしょうか？

「これからの行動」は「これまでの持ち物」で決まる──シーズ発想

われわれはどんなにフラットにものごとを見ようとするときも、必ず一定の「色眼鏡」を通してそれを眺めています。

タクシー会社の色眼鏡をかけたとき、ふつう無糖アイスクリームに対するニーズは見えなくなりますし、マーケティングの対象にもなりません。現実のタクシー会社が「無糖アイスクリーム」のマーケティングに手を出さないのは、無意識のうちにこうした色眼鏡が機能しているからです。

マーケターが見ている買い手は、この世のすべての消費者ではないのです。それぞれのマーケターがそれぞれの色眼鏡を通じて、その人たちの一部、また、そうしたひと握りの人たちの一側面だけを考察しているにすぎません。

これは個人にあてはめて考えてみれば、わかりやすいと思います。個人が「これからの自分にはなにができるか？」を推定するとき、だれもが「これまでの自分はなにを持っているか？」を参照するのがふつうでしょう（意識的／無意識的かはさておき）。

大工として40年のキャリアを積んできた人が「日本一の弁護士になる」

という目標を掲げないのは、その人が持っているもの（知識、スキル、資格、人生の残り時間……など）に照らしたとき、あまりにも現実性を欠いているからです。

企業のマーケティングにおける色眼鏡とは、端的に言えば**経営資源**です。
タクシー会社がマーケティング戦略を考えるときには、自社がこれまで積み上げてきた経営資源が立脚点となります。
まず自分たちの資源があり、それを生かしたときに「どんなマーケティング手法が実施できそうか？」「どんなニーズを持った人が買い手になり得るか？」「その結果、どれくらいの粗利を期待できそうか？」といった順序で考えていくのがふつうです。

「純粋なニーズ発想」も皆無ではない

このように、自分たちが持っているタネ（Seeds）をスタート地点に置く考え方は、ニーズ発想と対比して**シーズ発想**と呼ばれます。
上記のような考えに基づくなら、たいていのマーケティングの行動は、シーズ発想的にならざるを得ません。すでに書いたとおり、純粋なニーズだけを起点にするニーズ発想は、かなりレアだと思います。本人がニーズ発想だと認識していても、そこには必ず無意識的なシーズ発想が入り込んでいるはずです。

しかし、ごくまれに、ニーズからスタートすることで、シーズ発想ではたどり着けないようなアイデアが見つかることもあります。
たとえば、さきほどの「無糖アイスクリーム×タクシー会社」の例なら、ある社員が無糖アイスに対する潜在ニーズに気づき、「当社でもなにかできないだろうか？」と考えたとします。その結果、たとえば商品そのもの

の開発・製造はOEMで外部に任せたうえで、自社のタクシーを改造して
アイスの移動販売を展開するという戦略に行き着くかもしれません。

　既存のアイスクリーム事業者の頭のなかに、タクシーを使った移動販売
というアイデアが生まれることは、なかなか期待できないと思います。こ
れはタクシー事業者だからこその発想であり、彼らの色眼鏡がポジティブ
なかたちで影響した例だと言えるでしょう（それがうまくいくかどうかは
さておき）。このように、経営資源に縛られない純粋なニーズ発想が、まっ
たく新しいアイデアにつながる可能性は否定できません。

　しかしながら、純粋な意味でのニーズ発想はきわめてまれにしか見られ
ませんし、そうやって生まれたアイデアの大半は、自社にとって実施不可
能なものであることがほとんどでしょう。マーケティング戦略立案におけ
る基本は、やはりシーズ（経営資源）に基づいた発想ですので、本書でも
これを考察の中心に据えていくことにします。

23

経営資源を掘り下げる
――強み／弱みの抽出

　現実のマーケティング戦略が目標として設定するのは「粗利の期待値」でした。そして、それを見きわめるうえでは、自社が手にしている経営資源に目を向けねばならないという話をしてきました。

　しかし、どのようにすれば、自社の経営資源を正しく把握できるのでしょうか？

　ここで有名なSWOT分析などのことを思い浮かべる人もいるかもしれません。SWOTについては後述しますが（248ページ）、目標設定に先立つ分析ツールとして見たとき、SWOTはいくつかの点で不十分であるというのが筆者の見解です。

　たとえば、SWOTでも対象となる「強み／弱み」は、企業の経営資源を分析するうえで、たしかにとても重要な視点です。しかしSWOT分析のように、最初からいきなり強みや弱みを探そうとしても、どうしても「すでによく言われている」表面的なポイントばかりに目が行き、これまでにない発見が生まれづらくなってしまうのです。

どうすれば自社の「強み／弱み」に気づけるのか？

そこで有効なのが、まず「過去の成功例と失敗例」を洗い出し、そこから強み／弱みを抽出していくという方法です。

すでに顕在化されている強み／弱みを再認識するだけでなく、これまでの行動に潜在的な影響を与えている強み／弱みを発見するためには、これ以上のやり方はないと思います。これが７つのステップのうちの［ステップ①］に該当します。

筆者の経験から言うと、日本には自社の弱みには敏感だが、強みには鈍感という人・組織が多いように思います。また、本来的には強みでない要素、すでに強みではなくなっている要素を、自社の強みだと勘違いしているケースなどもよく目にします。

なにか失敗したりトラブルが起きたりした際には「これはマズい……」と反省するものの、うまくいったときには結果に満足して、振り返ることをしないからでしょうか。ふだんから失敗分析はよくするという人は多いですが、それと同じくらい大切なのが成功分析です。しばしば大企業が「成功神話」にとらわれて、変革の力を失ってしまうのも、うまくいった要因がどこにあるのかを真剣に見つめていないからでしょう。

プロ野球選手だったイチローさんは「安打を打てた際には、なぜ打てたかをすべて説明できる」と語っています。これは彼が成功分析を継続的に行っている証拠であり、彼を一流たらしめている核心ではないかと思います。

経営資源をつかむ──成功例・失敗例の分析

自社の経営資源を把握するうえでは、まず過去の成功例・失敗例を分析

することが大切です。では、そのとき、経営資源のどんな部分に目を向けていけばいいのでしょうか？

　この点を理解するため、まずは経営資源とはそもそもなんなのかということを考察していきましょう。

　経営資源には、以下の２つの種類があります。

① 定量的な経営資源
② 定性的な経営資源

　前者は数量化できる資源であり、いわゆる「ヒト・モノ・カネ」をイメージいただくとわかりやすいでしょう。つまり、どれくらいの資金があるか、どれくらいの人的資源を持っているか（人数×１人あたりの労働時間）、どれくらいの設備を持っているか（台数×１台あたりの稼働時間）などによって、その絶対量が決まります。

　他方で、経営資源の多くは、このように数字に落とし込めるものだけではありません。上述のヒト・モノ・カネに関しても、所属メンバーの能力の高低だったり、所有設備の機能の高低だったりのように、定性的な側面があります。またこれ以外でも、企業に蓄積されている情報や、築き上げてきたブランド、人的なネットワーク、特許技術などのようなものは定性的な経営資源です。

　これらの経営資源を「強み／弱み」の観点でとらえ直すときには、少なくとも次のようなプロセスが必要になるでしょう。

> [プロセス①] 「定量的」な経営資源の「絶対量」を把握する
>
> [プロセス②] 「定量的」な経営資源の「相対量（競合と比較しての多寡＝強み／弱み）」を把握する
>
> [プロセス③] 「定性的」な経営資源の「競合と比較しての多寡＝強み／弱み」を把握する
>
> [プロセス④] 「すべて」の経営資源の「買い手・供給業者に対する強み／弱み」を把握する

　プロセス①はシンプルで、まず定量的な経営資源について、それぞれが「どれくらいあるか？」を把握します。これはあくまでも与件なので、ただ調べるだけで十分です。

　次がプロセス②です。定量的資源の絶対量がわかったら、それが「どれくらい多い／少ないのか？」を理解しないといけません。そのためには、ほかとの比較が必要になります。たとえば、あなたの会社の人的資源の量（社員数）が競合他社群のなかで上位に来ているのなら、それは自社の強みだということになります。逆に、他社と比較して少ない場合は、それが弱みだということを意味します。

　さらにプロセス③では、同じことを定性的な経営資源に関して行います。自社にはどんな定性的資源があるのかを調べたうえで、それぞれが競合に対して優位にあるのか、それとも劣位にあるのかを見ていきます。これもまた、自社の強み／弱みを把握するのに役立ちます。

「だれに対する強み」なのか？──競合・買い手・供給業者

　一般的に「強み／弱み」が抽出される場合、注目されるのはせいぜい競合に対する強み／弱みだけではないかと思います。しかしながら、強み／

弱みというのは相対的な概念であり、なにを目標とするかによって「だれに対する強み／弱みなのか？」が変わってきます。

　ところで、マーケティングの目的は粗利の最大化なので、その成否を左右するのは競合だけではありません。「強み＝競合他社に対する優位性」だとはかぎらないのです。経営資源における強み／弱みを分析する際には、次の３つに等しく目を配る必要があるでしょう。

A. 競合に対する強み／弱み
B. 買い手に対する強み／弱み
C. 供給業者に対する強み／弱み

　このうちＢやＣを検討するのが、プロセス④ということになります。たとえば、一定の商品を販売するという行為は、買い手とのあいだの競争関係としてとらえることができます。「いくら（単価）で買わせられるか」「いくつ（購買回数）買わせられるか」といったことは、買い手との力関係によって決まるからです。これが「買い手に対する強み／弱み」の分析です。

　また、商品を生産したり、流通させたりするときには、供給業者との競争関係が発生します。業者とのパワーバランスが「いくらで原材料を仕入れられるか」や「いくらの卸値で流通させられるか」などに影響するため、「供給業者に対する強み／弱み」というものもあり得ます。

　とはいえ、「買い手に対する強み」とか「供給業者に対する弱み」というのは、少しイメージがしづらいかもしれません。これらをどう定量化していくかについて、解説しておきたいと思います。

　まず、66ページで見たとおり、粗利は「（単価−単品あたりの変動直接

原価）×販売数量」で算出されますが、これは次のように変換できます。

粗利＝売上［単価×販売数量］－変動直接原価

　外部との競争関係をより見えやすくするため、このときの「売上」をもう少し違った観点から考えてみましょう。自社の売上は「単価×販売数量」で求められますが、これは同時に「市場全体の売上×自社の市場シェア」として表すこともできるはずです。

　「市場」とは、自社商品を含む競合商品群を、頭のなかの戦場で比較検討している買い手群のことでした（101ページ図）。つまり、「なにかこの手のものがほしいな……」とは考えているものの、必ずしも自社の商品を買ってくれるとはかぎらない人たちです。こういう人たち全員の売上分を足し上げたものが、競合他社も含めた**市場全体の売上**になります。
　一方、市場に含まれる買い手のうち、自社商品を「最高」と評価してくれる買い手（コアターゲット）の集合が「独壇場」でした（同図）。つまり、市場全体のうち、どれだけの割合を自社の独壇場にできるかを示したのが**市場シェア**だということです。

　これを踏まえて、粗利の式を書き直してみましょう。

粗利＝（市場全体の売上×自社の市場シェア）－変動直接原価

　ここで、「自社の市場シェア」を決めているのが「競合に対する強み／

弱み」です。市場の買い手たちの何パーセントから「最高」との評価を勝ち取れるか、どれだけの割合を独壇場にできるかは、競合との競争関係のなかで決まってきます。

　一方で、「市場全体の売上」は、「買い手に対する強み／弱み」の指標だと言えます。これは上記の競合の場合と比べると、直感的にはわかりづらいかもしれませんので、マスクを製造するメーカーの例で考えてみましょう。

　とあるマスク市場で、平均単価100円のマスクが年間３億枚販売されているとします。その場合、マスク市場の買い手たちは、自社も含めたマスク製造会社群に対して300億円分の弱みを持っていると見なすことができます。逆に、売り手であるメーカー側から見れば、買い手に対して300億円分の強みがあると言えます。
　一方で、たとえばウイルス感染症が世界的に流行したとすると、この競争関係におけるパワーバランスは大きく変化することになります。病気が流行した結果、購入されるマスクの数量が年間10億枚になれば、買い手に対する強みは1000億円分に跳ね上がることになります。つまり、買い手に対する優位性が著しく高まった状況と言えるでしょう。

　これはかなり単純化した例ですが、市場の買い手たちを取り巻く環境が変われば、それに伴って当然、市場全体の売上も変化します。その商品をどうしても手に入れたい買い手が増えたり、買い手の可処分所得が高なったりすれば、より高い対価を払おうとするでしょうし、一人あたりの購買数量も多くなるでしょう。このような意味で、市場全体の売上は「買い手に対する強み／弱み」を定量化した指標になっていると言えるのです。

　ここまで来ると予想がつくと思いますが、「供給業者に対する強み／弱

み」は上記の式の残り部分である「変動直接原価」で定量化できることになります。

たとえば、シリコンの減産が続いて取引価格が高騰すれば、半導体メーカーはシリコンの売り手に対してより劣勢に立たされることになります。半導体の価格が釣り上がれば、その買い手である家電メーカーでは原価が高まりますから、半導体の売り手に対する弱みが大きくなるわけです。

「いつ時点の強み」なのか？——強み／弱みの継続性

このように、経営資源を分析するときには、「だれに対する強み／弱み？」の視点が不可欠です。ここまでが、7ステップのうちの「[ステップ②]成功例・失敗例の前提となった自社の『経営資源』を把握する」に該当します。

しかしながら、強みや弱みを検討するときに、非常に重要な視点がもう1つあります。それは**継続性**です。

ステップ②において分析されるのは、あくまでも「過去の成功例・失敗例」から抽出されたものでしかありません。「それは現時点でも強みと言えるのか？」「未来においても弱みであり続けるのか？」については別の検討が必要なのです。

なぜなら、われわれがいま追求しているのは、目標設定の参照点となるような「成果の期待値」だからです。目標が成し遂げられるのはつねに未来時点のことですから、そこには達成期限が設定されているのがふつうです（170ページ）。だからこそ、ここでは「だれに対する強み／弱み？」と同時に「いつ時点の強み／弱み？」という視点が求められるわけです。

実際、ある時点で自社の強み／弱みだったものが、将来においても強み

／弱みであり続けるとはかぎりません。時間の経過に伴って、企業の中核的な強みをかたちづくっていた経営資源が失われてしまったり、それどころか、かえって足を引っ張ったりすることは十分にあり得ます。逆に、かつては弱みと目されていた要素が、あるときから強みに転化するようなケースもあるかもしれません。

　いずれにせよ、企業の強みや弱みは、たえず時間のなかで変化し得るので、その考察にあたっては継続性の推定が不可欠になります。

　先ほどのマスクの例で考えてみれば明らかです。現時点で、マスクメーカーが買い手に対して1000億円分の強みを持っていたとしても、ウイルス感染症の流行が徐々に沈静化していく傾向にあるなら、このパワーバランスは確実に変化していくはずです。この強みは、１年後にはかなり失われることになると予測できますから、継続性に欠けると判断できます。

栄枯盛衰のマーケティング――「永続的な優位性」は存在しない

　上記はあくまでも買い手に対する強み／弱みの継時的な分析ですが、競合や供給業者に対する強み／弱みについても、同じような分析が可能です。
　時間軸を加味すると、「競合」の意味にも広がりが出てきます。目標を達成する過程で、新規参入してくる事業者がいるかもしれませんし、これまでになかった代替品が生まれれば、それを提供する企業とも競争関係に立つことになります。もちろん既存のライバル会社もそれぞれに企業努力を続けますから、格下だと思っていた同業他社が急に存在感を発揮してくることもあり得ます。
　また、こうして継時的な観点を持ち込むと、アイデアそれ自体には経営資源としての継続性はほとんどないということがわかります。
　「このアイデアはまだどの競合も気づいていない。当社だけが持っている

発想だ！」といい気になっていても、いざそれを現実の商品として市場に出してしまえば、そのアイデアは競合たちに知れ渡ることになります。競合たちも同じアイデアを持つようになれば、もはやそこに差はなくなり、強みは持続しません。

　最後に、強みや弱みがどれくらい持続するかは、さまざまな要素に左右されますが、それは必ずしも内在的な要因だけとはかぎりません。マスクにとってのウイルス感染症状況や、電化製品にとっての半導体価格の例からわかるように外部環境によって大いに影響を受けるのです。

過去に発揮されていない「隠れた強み」はないか？

　以上が7ステップのうちの「[ステップ③] 自社の経営資源の『継続性』を推定する」の意味です。

　ここまでやれば、自社の経営資源が持っている強み／弱みのうち、かなりの部分が顕在化できるはずです。これはシーズ発想を進めていくうえでの重要なピースになってくれるでしょう。

　しかし、これによって企業の強みがすべて明らかになっているかというと、必ずしもそうではないでしょう。ここまではあくまで過去の成功例・失敗例を標本としながら、強み／弱みを抽出してきたにすぎないからです。過去の事例には表れていない強みや弱みが、企業のどこかに眠っているかもしれません。

　未来のどこかの時点で隠れた強みが急に発揮されたり、意外な弱みが顕現したりする可能性は十分にある以上、現時点での強み／弱みがどれくらい持続しうるかを推定しておくことには、一定の意味があります。これが7つのステップのなかに「[ステップ④] 自社の成功例・失敗例に反映さ

れていない『経営資源』を把握し、その『継続性』を推定する」が盛り込まれている理由です。

　とはいえ、いまだに顕在化していない強みや弱みを把握するなどということが、果たして可能なのでしょうか？　もちろんここでは、いくら自社の過去事例を掘り下げたところで、めぼしい発見は期待できないでしょう。

　だとすると、１つは直感で対処するしかないことになります。しかし、それだけではあまりに心許ないという人は、他社の成功例・失敗例を分析対象にすべきでしょう。「あの企業はこういう強みで成功している。しかし、同業である当社にも同じ強みがあるのではないか（残念ながら、その強みが発揮された成功例は、いまのところ当社には存在しないが……）」という具合に、類推を働かせるわけです。これは、他社の事例に対してクリティカル・シンキングを働かせることだと言ってもいいでしょう。

　いずれにせよ、企業が持っている強み／弱みをすべて顕在化することは不可能です。ここは、すでに認識できているものにどれだけ上積みできるかの勝負であり、ある程度のところで区切りをつけるしかありません。

24

ニーズ・買い手を推定し、商品の粗利目標を決める

　さて、マーケティング戦略立案に向けた7ステップの続きです。繰り返しになりますが、ここまでの［ステップ①〜④］は、いわば準備段階です。これによって、具体的なマーケティング手法や粗利目標を考えるための材料が出揃うことになります。

① **どんな「経営資源」があるか？**
　　定量的な経営資源──どんな種類があるか？　その量は？
　　定性的な経営資源──どんな種類があるか？
② **どんな「強み／弱み」があるか？**
　　競合に対する強み／弱みは？
　　買い手に対する強み／弱みは？
　　供給業者に対する強み／弱みは？
③ **強み／弱みの「継続性」は？**

　繰り返しますが、すべての強みや弱みを網羅する必要はありませんし、そんなことは不可能です。この段階で大事なのは「こういう経営資源が使

えて、それはこれくらいの量で、こういう強み／弱みがある」といったことを、できるかぎり顕在化することです。マーケターがこれらをあいまいにしか把握していない企業からは、なかなかすぐれたマーケティング戦略が生まれてきません。

まず「価値があるか」だけを考える──「CPが高いか」は考えない

　ここまで来たら、いよいよ買い手のニーズに応えるような商品アイデアを生み出す段階です。このときに大事なのは、商品アイデアのパフォーマンス面だけにまず目を向けるということです。
　商品購買の意思決定はそのコストパフォーマンス（CP）に左右されます。しかし、まずはいったん「値段はいくらがいいか？（価格コスト）」「どうすれば入手しやすいか？（到達コスト）」といったコスト面は考えないようにし、商品のCPは度外視するようにします。つまり、あくまでも「その商品には十分な価値があるか？」だけを問うということです。

　ある商品にどれくらいの価値（パフォーマンス）があるかは、それに対するニーズを頭のなかに持った買い手がどれくらい存在するかで決まります。そして「買い手のなかには、どんなニーズが存在するのか？」「どんな商品なら買い手のニーズを満たせるのか？」を判断するのは、マーケター自身の役割です。
　繰り返しになりますが、ニーズ仮説と商品アイデアの設定は、ニワトリと卵の関係です。「こういうニーズがあるはずだ。だからこういう商品をつくれば価値を感じてもらえるだろう」という順序で思考が進むことはまれで、おそらくは両者が同時に立ち上がるのがふつうではないでしょうか。
　一方で、すでに語ったように（172ページ）、ニーズだけに基づいて商品企画が生まれることはまずありません。どんな企業にも一定の「色眼鏡」

187

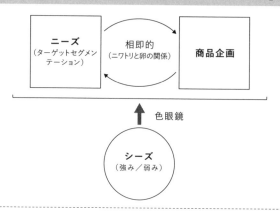

ニーズ分析 × 商品アイデアの土台としての「シーズ」

ニーズ
（ターゲットセグメン
テーション）

相即的
（ニワトリと卵の関係）

商品企画

色眼鏡

シーズ
（強み／弱み）

純粋なニーズ発想はほとんどない。つねになんらかのシーズが前提されている

があり、これまで築いてきた強み／弱み（シーズ）をもとにしながら、買い手のニーズを読み解き、商品を生み出そうとするケースがほとんどです。

　ここで手がかりになるのが、［ステップ①〜④］で洗い出してきた自社の経営資源や強みです。優位性のある自社資源がはっきり見えていることで、より商品のアイデアが生まれやすくなります。

　たとえば、東レには極細繊維を製造する技術があり、これは明らかに同社の強みでした。以前はこれがどんな価値を生むのかがわかっていなかったのですが、あるときに誕生したのが「トレシー」というメガネ拭きシートの商品です。

　メガネのレンズに付着する皮脂は、分子構造がとても小さいため、通常の布ではうまく拭き取ることができません。ここに買い手のニーズを発見した同社は、圧倒的な皮脂除去力を持った極細繊維シートを商品化することで、大きな成功につなげました。

ニーズ発見についてのおさらい──「天性のマーケター」とは？

　もし買い手のニーズが顕在的であれば、マーケターはその中身を「学ぶ」ことができます。ニーズがわかれば、あとは実現方法に知恵を絞るだけで済みます。しかし、買い手のニーズが潜在的な場合には、学習によるアプローチは有効ではありません。ここで必要なのが「考える」こと、すなわち自分を掘ることでした。

　マーケターのなかにそのまま引き出せるような潜在ニーズが存在しないときには、既存のアイデアに手を加えたり組み合わせたりしながら、ニーズの仮説を「つくり出す（創造）／見つけ出す（分析・発見）」プロセスが必要になります。これが「加工あり」のパターンでした（154ページ）。

　他方で、マーケター自身が買い手と同じ潜在ニーズをもともと持っている場合には、自分のなかからそれを「生のまま」引き出すだけで、きわめてパフォーマンスの高い商品を生み出すことができます。

　ヤクルトのCM動画のなかで、秋元康さんはこんなふうに語っています。

　「自分が視聴者の１人であることを忘れてたときがありましたね。『それ、面白いと思っているのか？』っていう。自分は見ないのに、『視聴者はこういうものを望んでる』とか『こうだったらウケるはずだ』っていう机上の理論っていうかね。ものづくりって、そんなもんじゃないなと思うんですよね」

　秋元さんがあれだけたくさんのヒットコンテンツを生み出せるのは、彼自身がまさに「視聴者の１人」だからでしょう。彼はまさにこうしたニーズ発掘を得意とする「天性のマーケター」なのだと思います。

秋元さんのように、買い手と同じ潜在ニーズをもともと持っているほうが有利なのはたしかです。そして、人材の配置においても、その商品の買い手と同じ潜在ニーズを持ったマーケターに担当させるのが望ましいことはすでに述べたとおりです（163ページ）。

しかし、最初から「生のまま」で引き出せるアイデアを持っているマーケターは、現実的にはそれほど多くないでしょう。したがって、すでに自分のなかにあるいろいろな情報をもとに加工を行い、さまざまな仮説を生み出していく作業が、マーケターの実務には欠かせないのです。

コストを加えて判断し、CP の高い商品を考える

買い手のニーズや商品の価値（パフォーマンス）だけにフォーカスして、いくつかのアイデアを引き出すことができたら、今度はそこにコストの軸を加えていきます。つまり、それぞれの商品について「どうすればこの商品の CP を最大化できるだろうか？」を考えていくわけです。コストには価格コストと到達コストがありますが、ここでは主に前者について考えてみましょう。

価格を上げれば、当然のことながら商品の CP は低下します。CP が低下すれば、潜在的な買い手の数が少なくなる（＝販売数量の期待値が小さくなる）のがふつうです。これは商品に競合があろうとなかろうと、どちらにも言えることです。

逆に、価格を下げれば、商品の CP は高まる傾向にあります。「CP が高い＝お得感がある」ということですから、もちろん潜在的な買い手の数は多くなります（＝販売数量の期待値が大きくなる）。

ただ CP を高めさえすればいいのなら、価格も含めたコストをとにかく

極小化すればいいことになりますが、マーケティングの目標は CP の最大化ではありません。CP はあくまでも買い手が購買を決める際の、判断軸でしかありません。マーケティングが目指すのは粗利の最大化でした。

粗利＝単品あたりの粗利［単価－単品あたりの変動直接原価］×販売数量

　最終的な粗利は上記の積によって決まりますから、期待販売数量（＝潜在買い手数）を増やすだけでなく、価格を上げて単品あたりの粗利を増やすことも考えねばなりません。単価をある程度上げれば、CP は下がり期待販売数量も減りますが、トータルの粗利は大きくなる可能性があります。

「どこまで価格を上げられるか」を判断するのもマーケターの仕事です。このときにも、参照点になるのは自分のなかにいる「内なる買い手」です。「自分だったらこの価値の商品に 1,000 円までは出すだろうな」とか「さすがに 2,000 円だと CP が低すぎるから、競合商品のほうを選んでしまうかも……」という試行錯誤をしながら、単価を上げたときに見込める買い手がどれくらい減っていくかの仮説をつくっていきます。

　このとき、「単品あたりの粗利×期待販売数量」の積が最大になるところが、粗利を最大化できる価格です。競合商品がある場合には、どれくらいの買い手が自社商品を「最高」だと判断してくれるかの見込み数も、この時点で推定できていることになります。

191

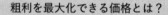

粗利を最大化できる価格とは？

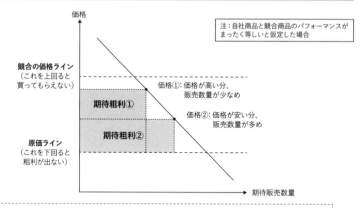

注：自社商品と競合商品のパフォーマンスがまったく等しいと仮定した場合

価格

競合の価格ライン
（これを上回ると
買ってもらえない）

期待粗利①

期待粗利②

原価ライン
（これを下回ると
粗利が出ない）

価格①：価格が高い分、
販売数量が少なめ

価格②：価格が安い分、
販売数量が多め

期待販売数量

網掛けの部分の「面積」が最も大きい価格で、期待粗利は最大となる

なぜ「買ってくれるはずの人」に買われないのか？

　われわれが求めているのは、マーケティング戦略の目標になる「粗利の期待値」をいかに推定するかということでした。ところが、上記に登場した「単品あたりの粗利×期待販売数量」の最大値は、じつのところ、まだ戦略目標にはなり得ません。

　この計算のもとになっているのは、あくまでも「期待販売数量」でしかないからです。つまりここでは、潜在的な買い手のすべてが購入してくれた場合の粗利が算出されてしまっているのです。しかし、ターゲットとなる買い手全員が、狙いどおりに自社商品を購入してくれることはあり得ません。

　期待販売数量と現実の販売数量とのあいだに乖離が生じるのは、マーケティングの定義において言及した「（適切な買い手群に）商品の存在を認知させ、その内容を理解させ、これを送り届ける」ことには限界があるからです。

192

マーケターの側では「こういう買い手たちの集合が、自社商品を『最高』と判断してくれるはずだ」と期待し、「独壇場」（コアターゲットの集合）の規模を推定します（136 ページ）。

しかし、これはあくまでも理想的な上限値でしかありません。現実の生きている買い手は、そもそもそういう商品が売り出されていることを知らなかったり、別の考えごとをしていてそのよさをしっかりと理解できなかったり、たまたま品切れをしていて店頭で買えなかったりします。ですから、現実的な販売数量は理想値をつねに下回ることになります（もし理想値を上回ったとしたら、マーケターが独壇場規模の推定を誤っており、買い手をあまりにも少なく見積もっていたということです）。

決して「理想」には届かない販売・プロモーション・流通

さらにここで考えてほしいのが、なぜ買い手が商品の存在を知らなかったり、価値をわからなかったり、入手できなかったりといったことが起きてしまうのか、という根本的な原因です。

第一の原因は、じつにシンプルかつ本質的なもので、マーケティング費用が有限だからです。マーケティングはその定義上、「一定費用の下で粗利を最大化する行為」です。マーケティング活動それ自体にどれだけのお金を使うかは、マーケターよりも上位のレイヤーで決定される与件でしかありません。

マーケティング費用がごくわずかしか割り振られない企業では、その予算の範囲内で商品の認知・理解・流通を推進するしかありません。また、たとえ潤沢な予算がある場合でも、使える費用は無限ではありませんから、すべての潜在買い手に商品を知らせて買ってもらうことはまず不可能です。

第二の原因はより現実的なもので、販売・プロモーション・流通といった面での失策が考えられます。つまり、「商品の認知・理解・流通」を促すためのマーケティング費用が、コアターゲットに届いていないということです。

　販売・プロモーション・流通における理想は、自社の商品を「最高」と判断してくれる買い手（コアターゲット）だけに、商品の存在を知らせて、内容を理解させて、送り届けることです。それが最も効率的だからです。もちろん実際にはそれは不可能ですが、「自社商品のコアターゲットはどんな人なのか」についての解像度を高めることで、その精度を高めることは十分に可能です（137ページ）。

　いずれにせよ、マーケターが粗利目標を推定する場合には、潜在的な買い手のうちの何％を獲得できそうかを、与えられたマーケティング費用額に応じて算出する必要があります。

「潜在的な買い手の規模から考えると100万個の販売数量を見込めるが、割り振られている予算が100万円だけなので、そこまで多くの認知を獲得することはできなさそうだ。最終的な販売数量は10万個にとどまるだろう」という具合です。この商品の単品あたり粗利が1,000円だとすれば、ここで見込める粗利は1億円（＝1,000円／個×10万個）になります。

　あとは環境の不確実性などを適宜加味しておくといいでしょう。強みの継続性の面で不安要素があり、この粗利の実現確率が80％だという仮説を組み込めば、この確率を上記に掛け合わせて、最終的な粗利の期待値＝粗利目標の金額は8,000万円ということになります。

　もちろん、確率に一定の幅を持たせることも可能です。その場合は「粗利の期待値＝7,500万〜8,500万円」といった幅のなかから、具体的な目標金額が設定されることになります。

25

「最もすぐれたマーケティングの行動」を選ぶには？
——天才に近づく思考法

　前節までは、実際にマーケティング手法や粗利目標を考えるときの手順を解説してきました。こうしてマーケティング戦略の仮説、つまり、「こういうニーズがあるので、こういう商品をつくれば、これくらいの単価でこれくらいの数量が売れて、これくらいの粗利を実現できるのではないか」というシナリオがつくられます。

　しかし、この仮説が「いちばんいい仮説」であることは、いかにして保証されているのでしょうか？　この戦略を実行に移すことが、なぜ「最適なマーケティング上の行動」だと言えるのでしょうか？　その手がかりとなるのが［ステップ⑤］の下記の強調部分です。

［ステップ⑤］②〜④および割りあてられた一定の費用を立脚点として「買い手のニーズ」を探索し、マーケティング手法と粗利目標の**仮説を複数構築する**

マーケターが構築する仮説は「複数」であるべきです。しかも、ごく単純な言い方をすれば、それは多ければ多いほどいい。たった１つの仮説しか立てないなど、もってのほかです。マーケターはいろいろな仮説を生み出してこそ、そのなかからいちばんいい行動を選び取れるのです。

アイデアの「多さ＝多様さ」である

　マーケティングのアイデアは多ければ多いほどいい──。じつはこれについては、ずいぶん前にもう解説してあります（43ページ）。

　マーケティングには「こうするべき」というマニュアルがない以上、たくさんの行動案を考え（発散）、それらの行動に優先順位をつける（収束）というプロセスを踏むしかありません。そして、このやり方の精度を高めるうえで、決定的に大事なのは「どれだけ多くの行動案を出せるか」でした。

　繰り返しになりますが、ここでほんとうに大切なのは、アイデアの単純な絶対数ではなく、種類や切り口の多さ（＝多様さ）のほうです。似たようなアイデアがたくさんあるよりも、多様なアイデアがたくさんある状態のほうが望ましいのです。

　生み出されるアイデアの多様性が高ければ高いほど、つまり発想の幅が広ければ広いほど、そのなかにすぐれたアイデアが混じる可能性が高くなるからです。

　それを踏まえて、例の天才と凡人の違い（45ページ）を語り直すなら、凡人とはたくさんの多様なアイデアを引き出せない人だということになります。逆に、天才の天才たるゆえんは、いきなりすぐれた発想をひらめく直感力というよりは、とにかくバラエティに富んだアイデアを膨大に引き

出す能力のほうにあると言えます。

　だからこそ、たいていの天才はつねに「早熟かつ多作」です。エジソンが生涯に取得した特許は1,000本、ピカソが残した作品は２万点を超えると言われています。また、手塚治虫の発表作品は700タイトル以上と言われますが、それでも生前にはこう語っていたというのだから驚きです。

> 「アイデアは、もう、売るほどあるというのに、その何分の一も形にできていない。おれは、もっと、もっと、仕事をしたいんだ」
>
> （『手塚治虫 99 のことば』双葉社、206 ページ）

勉強家なのにアイデアがいまいちなのはなぜ？
──「発想率の高さ」が天才の証

　では、なぜ天才はさまざまなアイデアを膨大に引き出すことができるのでしょうか？　なぜわれわれ凡人は、多様なアイデアを発想できないのでしょうか？

　発想されるアイデアの多様性は、次の２つのかけ算によって決まります。

アイデアの多様性＝潜在アイデアの多様性（①）×発想率（②）

　①の「潜在アイデアの多様性」とは、頭のなかにあるアイデアがどれだけ多様であるかということです。他方、その頭のなかにあるアイデアのうち、どれだけを顕在化できるかの割合が②の**発想率**です。潜在アイデアそ

れ自体のバラエティが豊かでなければ、いくらそれを顕在化したところで、発想の幅が広がるはずはありません。

　ところで、頭のなかに眠っている潜在アイデアの多様性は、下記によって決まります。

潜在アイデアの多様性＝学んだ情報の多様さ（③）＋加工された情報の多様さ（④）

　③はこれまでに「学習」を通じて収集された情報のすべてです。しかし、学ばれた情報は「生のまま」格納されているとはかぎりません。それらを組み合わせたりした「加工あり」の情報（④）もまた、潜在的なかたちで頭のなかに眠っているからです。

　しかしここで重要なのは、①の潜在アイデアの多様性だけでは、それほど大きな差がつかないということです。あらゆるジャンルの深い教養を身につけている博覧強記の人物や、難解なクイズ問題でも抜群の正解率を誇る雑学王はいますが、彼ら全員の発想力がすぐれているかというと、必ずしもそんなことはないように思います。

　天才のすごさの本質は、②の発想率のほうにあります。繰り返しになりますが、天才とは、だれもが持っているアイデアを「引き出す」のが異常にうまい人のことを言うのですから。

　たとえば、潜在アイデア100個を持っている2人がいたとして、一方の凡人はそのうち3個しか顕在化できなかった（発想率3%）のに対し、もう一方の天才は90個のアイデアを引き出せてしまう（発想率90%）。もちろん、100個の潜在アイデアの質は玉石混交でしょうが、3個と90

個であれば、後者のほうが「玉」が混じっている確率は圧倒的に高くなるでしょう。

　アインシュタインが相対性理論を発表した際、そのライバルたちは口を揃えて「彼はわれわれより２年半早かった」と語ったそうです。つまりこれは、相対性理論のアイデアそのものは、ライバルたちの頭のなかにも潜在的には存在していたということでしょう。ただし、アインシュタインの発想率の高さが群を抜いていたために、ほかの研究者たちよりも２年半も早く、それを顕在化できてしまったというふうに解釈できます。

われわれは書かないと考えられない——認知機能上の限界

　アイデアの戦場における敗北には、２種類しかありません（155ページ）。潜在アイデアはあったのに、それをライバルより早く顕在化できなかったとき、われわれは「しまった」という思いを持ちます。これに対して、自分のなかに潜在アイデアすらなく、顕在化しようがなかった場合の敗北を味わったときには「まいった」という感情しか生まれません。

　異常に発想率が高いせいで、多様なアイデアを膨大に顕在化できてしまう人のことを天才と呼ぶわけですから、彼らは極端に「しまった」と感じる機会が少ないはずです。むしろ、アインシュタインのように、周囲のライバルたちに嫌というほど「しまった」を味わわせているのが真の天才なのです。

　天才と呼ばれる人たちは、なぜ発想率が異常に高いのか——？　その理由については推測するほかありません。しかし、凡人であるわれわれが発想率を高めるためになにができるかについては、筆者なりの答えをご紹介できます。

　ふつうの人の発想率がなかなか上がらないのには、次の２つの理由が考

えられます。

① 書かないから
② 言葉がないから

①は純粋に、人間の認知機能上の限界に関係する理由です。人間が考えようとするときには、その認知機能の成り立ちからして「書く」という行動を伴わざるを得ません。「考える」ことと「書く」ことは不可分なのです。それにもかかわらず、多くの人がなにも書こうとしないまま、「いい考えが浮かびません……」などとこぼしている。これでは、いいアイデアが浮かばないのはあたりまえです。

いちばんシンプルな例が、暗算と筆算です。「22 × 3」とか「12 × 5」とか「108 ÷ 2」とかであれば、たいていの大人はこれを暗算で解くことができるはずです。しかし、珠算（そろばん）の心得がある人でもないかぎり、「38 × 55」とか「128 × 734」とか「5492 × 8421」になってくると、筆算に頼らざるを得なくなりますよね。これはなぜでしょうか？

暗算においては、途中プロセスのなかで出てきた計算結果をいちいち暗記せねばならないからです。2桁以上のかけ算になると、暗記すべき数字があまりに多くなり、頭の処理が追いつかなくなります。途中の計算結果を書き出す筆算は、こうした暗記に伴う負荷を軽減してくれるわけです。

マーケティングの戦略を考えるときには、2桁のかけ算以上に、さまざまな要素が登場します。そして、潜在度合いの高いアイデアほど、つまり、頭の深いところに隠れているアイデアほど、それを顕在化するまでのプロセスは遠大になるはずです（162 ページの村上春樹さんの言葉を思い出し

てください)。途中のアイデアもしっかりと記憶に保持しながら、仮説を仕上げようとするのはほぼ不可能です。筆算のように各要素やそのつながりを書き出していかないと、そこには必ずアイデアの見落としが生まれ、あとあとの「しまった」につながります。

企業を一大成功に導く経営者の多くは「メモ魔」だという話を聞いたことがあります。彼らはまるで呼吸をするように、頭のなかに入ってきた情報やそこで生まれた発想をすぐに書き出しています。

彼らがライバルに先んじてすぐれた行動をとれるのは、書くことを習慣化しているからではないでしょうか。そのおかげで、アイデアを頭の奥底に情報をしまい込んでしまうことなく、多様なアイデアがつねに顕在化されている状態を保てているのです。

書くという行為が、最も手っ取り早く発想率を高める技術なのは間違いありません。マーケティング戦略を立案するときも「暗算」は絶対に避け、とにかく書き出しながら考えることを意識してみてください。

自分の前提が見えていない──バカの壁と言葉化

ふつうの人の発想が広がっていかない、もう1つのより根本的な原因は「②言葉がないから」です。これだけではいまひとつ、どういうことなのかわかりづらいかもしれません。

その手がかりとして、次の問題にチャレンジしてみてください。解答例は207ページに掲載してありますが、ひとまずはご自分の頭で考えてみることをおすすめします。

Q. 3個の金の輪がつながった鎖が4本あります。
  1個の金の輪を開くには2セント、閉じるのには3セントかかります。
  12個の金の輪を全部つないで、1つのネックレスにしたいのですが、
  お金は15セントしかありません。
  どうすればよいでしょうか？

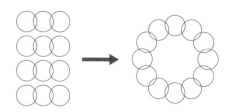

出典：御立尚資『戦略「脳」を鍛える』東洋経済新聞社、76ページ

　われわれはいつも、発想の範囲に限界を設けてしまいます。しかもより深刻なのは、自分で発想の限界を決めていると気づいていないことです。すぐ隣の土地に宝が埋まっているのに、なぜかその手前のところで発掘をやめてしまい、「どこにも宝が埋まっていない……」と嘆いている。だから、あとからやってきた人が、すぐ隣の地面から宝を掘り起こすと、「しまった！」と歯噛みすることになるのです。

　養老孟司先生はかつてこうした限界を**バカの壁**と名づけました。発想の広がりを妨げる「前提」が壁であり、しかもそれが「見えていない＝顕在化できていない」ときにはバカの壁になります。
　ふつうの人の発想が広がっていかない根本的な原因は、まさしくこうした「無意識的な前提＝バカの壁」にあるのです。逆に、天才というのは、頭のなかのバカの壁が異常に少ない人だとも言えるでしょう。

　どうすれば、このもったいない事態を避けられるのでしょうか？

　ブレーンストーミングなどを行うときに、「常識や前例、他人の発言などにとらわれることなく、ゼロベースで考えましょう！」などということを平気で言う人がいます。いわゆる**ゼロベース思考**ですね。

　しかし、ここまでの議論を踏まえれば、ふつうの人にはゼロベース思考など実践しようがないことがわかると思います。なぜなら、バカの壁が「バカの」壁たるゆえんは、それが「見えない」ことにあるからです。
　自分の発想を取り囲む壁が見えていないせいで、われわれは「よし、前提にとらわれることなく、しっかり考えたぞ！」という自己欺瞞に陥ります。ゼロベース思考をした気分になっていながら、壁の「外」がまったく認識できていないということは、十分に起こり得るのです。

　ゼロベース思考とは、バカの壁に邪魔されない「天才」だけに許された思考法だとも言えるでしょう。ふつうの人にできるのは、天才に「近づく」努力だけです。頭のあちこちに見えない壁がたくさん入り込んでいるわれわれ凡人が、ゼロベースで発想しようとしても、うまくいくはずがありません。むしろ、それとはまったく別の方法をとるべきです。
　そこで必要になるのが「潜在的に置いてしまっている前提を、あらかじめ１つずつ顕在化していく」という作業です。つまり、いきなり前提（壁）がない状態で発想をスタートしようとするのではなく、そこらじゅうに「見えない壁」が立っていることを認めて、まずはその壁を「見える」ようにする顕在化のプロセスを踏むということです。
　そして、それは**言葉化**にほかなりません。自分がどういう前提の下で考えているか、どういう枠組みのなかで発想しようとしているかを言葉にしたときに初めて、われわれはバカの壁を顕在化し、克服することができるからです。これこそがロジカルシンキングの本質です。

　いわゆる天才でなくても、つねに多様なアイデアを引き出せる人という

のは、このように言葉による顕在化によって、バカの壁を克服しています。その意味で、これこそが本来的な意味での**天才に近づく思考法**だと言えるでしょう（その詳細については、拙著『あの人はなぜ、東大卒に勝てるのか——論理思考のシンプルな本質』をご覧ください）。

　これを踏まえながら、202ページの問題について考えてみましょう。
　おそらくかなりの割合の人が、まずは「4つ本の鎖すべての端にある輪を開き、それらをつないだうえで閉じる」というパターンを考えてみるはずです。
　しかしこのやり方だと、4個の輪を開くのに8セント（2セント×4回）、4個の輪を閉じるのに12セント（3セント×4回）で合計20セントがかかってしまいます。手持ちのお金は15セントしかないので、この時点で「ふつうに考えたのでは解けない問題らしいぞ……」と気づいた人も多いでしょう。

　そこで必要なのがこのやり方の前提を「認識すること＝言葉にすること」です。上記の解き方を考えた人は、どんな「壁」の範囲内で発想しようとしているでしょうか？
　それは「3つの輪がつながったまま、鎖4本をつなげる」という前提です。この前提が見えるようになった瞬間、われわれは「そうではない前提」を考えられるようになります。

「そうでない前提」にもいろいろありますが、大きく分けると、「3つの輪がつながったままにしない」×「4本以外の鎖をつなげる」というかたちが考えられます。
　これらは裏返せば、次のように表現できるはずです。

① ３つの輪がつながったままにしない
　①－1.「２つの輪から成る鎖」と「１つの輪」に分解する
　①－2.「３つの輪」に分解する
② ４本以外の鎖をつなげる
　②－1.「２本の鎖」をつなげる
　②－2.「３本の鎖」をつなげる

　このようにさまざまなパターンの枠組みを出したうえで、それぞれについて考えていきます。すると、①－２のように、１本の鎖を３つの輪に分けてみると、おのずと②－２のような「３本の鎖」をつなげるかたちが見えてきます。これならば３個の輪を開くのに６セント（２セント×３回）、３個の輪を閉じるのに９セント（３セント×３回）で合計15セントとなり、予算内でネックレスをつくれるようになります。

　いかがだったでしょうか？　アイデアが思いつかなかった人は「解答例」を見たときに、どう感じたでしょうか？　「なんだ、そんなことか……」と感じたなら、それこそがまさに「しまった」の状態です。つまり、このアイデア自体は、みなさんの頭のなかにも潜在的には存在していたということです。

「壁」が見えたあとにやるべきこと──仮説の絞り込み

　［ステップ⑤］で構築されるマーケティング戦略の仮説は「多ければ多いほどいい＝多様なほどいい」という点をめぐって、アイデアの多様性を確保するための一般的な原則を見てきました。
　マーケティング戦略を考える際にも、マーケターの発想には膨大なバカ

の壁が入ります。しかも、172 ページでも確認したとおり、われわれが戦略を生み出していくときには、自社の経営資源や強みをベースにした発想（シーズ発想）が基本になります。これらは、戦場を勝ち抜く競争力の源泉となる一方で、さまざまな先入観や前提の発生源（＝色眼鏡）ともなります。だからこそ、タクシー会社からはふつう、無糖アイスクリームの移動販売などというアイデアは出てきません。

　無糖アイスほどの突飛なアイデアが適切かどうかはさておき、実際にマーケティング戦略を立案しようとするときには、まずは自分たちの発想に入り込んでいる「バカの壁」を言葉にするべきです。
　繰り返しになりますが、そうやって思考の前提を 1 つずつ顕在化したあとにやるべきなのは、ゼロベース思考ではありません。「われわれはこういう前提にとらわれていましたね。では、今度はそれを全部取っ払って、ゼロベースで考えてみましょう！」などと言っていては、いつまでも結局なにも変わりません。よほどの天才でもないかぎり、ゼロベースで考えることなどできないのですから。

「壁」が見えるようになったあとにやるべきなのは、意識的に 1 つひとつの壁（＝枠組み）の内側にとどまりながら、アイデアを引き出していくことです。「まずはこの A の範囲内で、どういうアイデアがあり得るか、考えてみましょう」「A については考えたので、次は B の枠組みのなかで考えてみましょう」「今度は C という前提で発想するなら……？」という具合ですね。
　大切なのは「自分たちがいま、どういう前提の下で発想を行っているのか？」をしっかりと意識できていること――。自分たちの頭のなかの「区画整理」を行ったあとに、それぞれの範囲内で発想していくようにすれば、できるかぎり多様なアイデアをたくさん引き出すことができます。

202 ページの問題の解答例

A. 3 本の鎖を 3 つの輪でつなげる

　こうやってアイデアを十分に発散させたら、あとは実行すべき戦略を絞り込む収束のプロセスです。これが「[ステップ⑥] ⑤のうち最も粗利が大きいものを『最適な仮説』として選択する」に該当します。

　とはいえ、それぞれの仮説の価値を評価し、最適なものを選び出すのは、発散よりは難しくありません。マーケティングの目標は粗利の最大化なので、期待粗利額が最も高いものが最適なマーケティング戦略であるのは自明だからです。しかも、できるかぎり多様な仮説をたくさん引き出す手続き（⑤）をしっかり踏んでいれば、⑥の段階では「最もすぐれている仮説」が選び出されることになります。

検証プロセスで仮説の確度を高める
──リサーチ対象を決める 4 つの基準

　ここまでが「粗利の期待値」が最も高いマーケティング戦略にたどり着

くための、具体的な手順です。もちろん、ここで語られる粗利は、あくまでも不確定要素を含んだ推定値にすぎないので、場合によっては、どちらの仮説がすぐれているのかを絞り込めないこともあるかもしれません。その点を補うのが「[ステップ⑦] ⑥の仮説を『検証』する」だということになります。

　ここでとくに検証するべきなのは、その仮説に直接に関係する強み／弱みです。とはいえ、なんでもかんでもリサーチ対象にすればいいわけではありません。「調査する／しない」はもちろん、調査する場合の「優先順位」なども見極めていく必要があります。そのときには、下記の点などを勘案することになるでしょう。

① その仮説はどれくらい目標達成に寄与するか？
② その仮説にはどれくらい信憑性があるか？
③ その調査にはどれくらいの時間と費用がかかるか？
④ その調査にはどれくらい信憑性があるか？

　こうした検証した結果、真と見なせるものであれば、それは、買い手・競合・供給業者への強みに根ざしたマーケティング戦略だということになります。つまり、買い手側にしっかりとニーズが見込めるのはもちろんですが、今後もしばらくのあいだは、競合が同水準のCPを誇る商品を提供してくることも、供給業者が資材などの値上げを要求してくることもなさそうだということです。こうした状況の継続性をたしかめることで、目標粗利を達成できる見込みが高まることになります。

26

問題解決型の
マーケティング戦略とは？
──「コケた商品」をもっと売りたい

　167ページでも注意しておいたとおり、前述の７ステップで想定されていたのは「潜在ニーズに応える商品をまったくのゼロから実現しようとする場合」でした。

　しかし、現実の実務においては、応えるべきニーズがすでに顕在化されていることもあるでしょうし、マーケティング活動を展開すべき商品があらかじめ決められているケースも少なくないと思います。はたまた、実現すべき目標が決められていることもあるかもしれません。

　これらは、下記の空欄のうちのいくつかがすでに埋まっている状態だと解釈できます。もしそうだったとしても、マーケティング戦略を考えるときの基盤として、上記の７ステップを想定していただくことは、かなり有益なのではないかと思います。

　「（　Ａ　）という商品を生み出し、（　Ｂ　）という買い手群に（　Ｃ　）という方法でその存在を認知させ、（　Ｄ　）という方法でその内容を理解させ、（　Ｅ　）という方法で送り届けることで、○○○という費用の下での（　Ｆ　）という最大粗利を達成しよう」

他方で、上記の「潜在ニーズに応える商品をまったくのゼロから実現しようとする場合」の対極にあるのが、この節の主題である**問題解決型のマーケティング戦略立案**です。

　問題とは、ある戦略を実行したところ、その結果が目標を下回ってしまっている状態のことを意味します。マーケティングで言えば、上記のカッコがいったんすべて埋められている状態、つまり、すでになんらかの戦略が実行され終わっており、これをどう修正していくかが課題になっている局面だと理解すればいいでしょう。

　あらゆるマーケティング戦略の立案は、7つのステップで描かれたゼロベース型と、これから語られる問題解決型という2つの類型の「中間」に存在すると言っていいでしょう。よって、この2つのフロー類型を把握しておけば、どんなマーケティング戦略立案にも対応できるようになるはずです。

　具体的な内容に入る前に、まずは問題解決型のマーケティング戦略立案を語るうえでの、大前提に触れておきましょう。それは「目標自体は変更しない」ということです。

　結果が目標を下回ってしまっているとき、これを解消するためには「目標水準そのものを引き下げる」という方法もあり得ます（実ビジネスでは、そうしたアクションがとられることがあるはずですが、それは最終手段です）。しかし原則論から言えば、マーケティングはあくまでも粗利を最大化するための行動です。目指すべき粗利目標を引き下げることはマーケターの仕事ではありません。したがってここでは、目標ではなく手段のほうを変えることによって、問題を解決できないかを探っていくことにしたいと思います。

直接の敗因はいつも「販売数量の少なさ」である

　マーケティングの目標は粗利です。したがって、マーケティングにおける問題とは、目標粗利の未達だということになります。粗利とは「単品あたりの粗利×販売数量」ですから、粗利が目標に届かなかった原因は、論理的に考えて次の２つのうちどちらかです。

　① 「単品あたりの粗利」が予想より少なかった
　② 「販売数量」が予想より少なかった

　しかし、①のようなケースはふつう考えられません。単品あたりの粗利は「単価－単品あたりの変動直接原価」ですが、単価はそもそもみずから決定することですし、単品あたりの変動直接原価は事前の交渉で決まってくるはずだからです。したがって、実際には②の「販売数量の少なさ」が粗利未達の真の原因だと言えます。

　では、期待したほど商品が売れなかったとき、そこにはどんな理由があるのでしょうか？
　これにはいくつかのパターンがあります。自社商品が直面しているマーケティング上の問題を解決していくためには、当の問題発生パターンを特定したうえで、適切な解決策を講じていかなければなりません。
　これが問題解決型のマーケティング戦略立案の基本です。

「一見さん」が少ないのか、「リピーター」が少ないのか
──トライアルとリピート

　ひと口に「販売数量が少ない」と言っても、もう少し細かく見る必要がありそうです。なぜなら、一定期間のうちになんらかの商品が買われるとき、それはたいてい意思決定の材料となる情報の種類に応じて、**トライアル購入**か**リピート購入**かのいずれか分けられるからです。

　トライアルとは、買い手がその商品を初めて買うケース（初回購入）のことです。多くの場合、トライアルの意思決定は、広告映像やSNSの口コミなどのように、商品のCPを表す情報に基づいて行われます。これを**間接情報**といいます（トライアル購入のフレームワークについては265ページも参照）。

　他方で、リピートのほうは、繰り返しの購入を意味します。同じ商品をもう一度買おうという気になるかどうかは、買い手自身の体験に依存します。これを**直接情報**といいます。一度は「最高」と判断して買ったものの、実際に試してみた商品が期待はずれだったら（＝事前に得た間接情報と自分の直接情報とがあまりにもかけ離れていたら）、それは「誇大広告」や「評判倒れ」「期待外れ」として評価され、リピートにはつながりづらくなります。

　トライアルがなければリピートにはつながりませんが、トライアルがあるからといって、リピートにつながるともかぎりません。販売数量とは「トライアル購入数＋リピート購入数」の和ですから、販売数量が足りていないときには、少なくとも2つのうちのどちらかが足を引っ張っているはずです（もちろん、どちらも少ないというケースもあり得ます）。

①「トライアル」が予想ほど多くなかった
②「リピート」が予想ほど多くなかった

　そこでここからは、上記の2つのケースに分けて、販売数量の少なさの
要因を分析していくことにしましょう。

トライアルが伸びない4つの理由

　前述したとおり、商品トライアルの意思決定を促すのは間接情報です。
つまり、買い手がお試し購入をするときには、いったん「実体としての商
品」は脇に置かれ、いわば「記号としての商品」が検討対象になっている
わけです。お菓子を例にとってわかりやすく言うなら、この段階の買い手
は「実際においしいか」ではなく、「おいしそうに思えるか」で判断して
いるということです。

　ところで、トライアルの数量があまりにも少なかったのだとすれば、そ
のマーケティングのどこかに不備があったのは間違いありません。こうい
うとき、われわれは「宣伝のやり方が悪かった」「デザインがよくなかった」
「商品の使い勝手がいまひとつだった」などと、好き勝手な原因分析をし
がちです。しかし、そこに見落としはないでしょうか？　みんなが気づい
ていない原因がどこかにあるのだとすれば……？
　この見落としを防いでくれるのが、マーケティングの定義です。われわ
れがつくったマーケティングの定義には、それを構成する要素が余すとこ
ろなく含まれているはずですから、それを1つずつ検討していけば、原因
の見落としは防げるはずです。

【定義】マーケティングとは「一定費用の下で、適切な買い手群にとってよりコストパフォーマンス（CP）の高い商品を生み出し、その存在を認知させ、その内容を理解させ、これを送り届けることによって、粗利を最大化する総合活動」である。

これをもとにトライアルの購入数量が伸び悩んだ原因を考えると、次の4つが考えられます。

① 商品の存在を認知した人が予想より少なかった
② 商品の内容を理解した人が予想より少なかった
③ 商品のCPを「最高」と評価した人が予想より少なかった
④ 商品を送り届けられた人が予想より少なかった

①は端的に言えば、企業によるコミュニケーション上の原因です。買い手に「商品をひとまず試してみよう」と思ってもらうためには、そもそもまずその商品が存在していることを知ってもらわなければなりません。それにもかかわらず、広告・宣伝用のメディア特性を見誤ったり、そこに載せるメッセージやクリエイティブが最適でなかったりした結果、期待していたほどの買い手に情報を届けられず、トライアルの購入につながらなかった——それが①のようなパターンです。したがって、ここでの指標は「商品の存在を認識した人の数」になります。

次に必要なのが②、つまり、商品の内容を正しく理解している人の数です。みなさん自身の消費者としての体験を振り返っても、「広告などでなんとなく商品名は目にしているけれど、じつはどういう商品なのかよくわ

かっていない」という経験はよくあるはずです。

　商品の内容理解が進まなかったのは、情報伝達がうまくいかなかったせいですから、これもまたコミュニケーション上の失敗だと解釈できます。この段階の成否は「商品の内容を理解した人の数÷商品の存在を認知した人の数」という指標によって評価できます。

　ちなみに、ここでいう商品の「内容」というのは、CPのことです。つまり、商品の内容を理解させるためには、買い手にとってどれほど高いCPを持った商品なのかをわからせることが必要なのです。

　ただし、ここで問題になるのは、トライアル段階でのCPですので、あくまでも間接情報（記号的なコミュニケーション）に頼るしかありません。つまり、その商品を実際に体験していない買い手にも、そのパフォーマンスの高さ・コストの低さが伝わるような工夫が必要になります。

　一方、たとえ商品のCPの高さを正しく理解してもらえたとしても、それがただちに販売につながるわけではありません。自社商品のCPが「最高」だと判断されなければ、買い手は購入を見合わせることになるからです。その結果、よりCPが高いと評価された他社商品が売れていきます。これが上記の③の段階であり、これは「自社商品を『最高』と判定した人の数÷商品の内容（CP）を理解した人の数」によって評価できます。

　こうした敗北が起こる原因については、次項で詳しく検討することにして、先に④のほうを見ておきましょう。これはある意味では最も残念なケースだと言えます。なぜならこれは、商品の存在が認知され、CPの高さが理解され、競合商品のなかで『最高』という評価が下されたにもかかわらず、なんらかの理由で買い手に商品を届けることができなかったという事態を意味しているからです。つまり、最後の最後というところで力が及ばず、惜しくもトライアル購入に結びつかなかったパターンですね。

215

なぜこんなことになってしまうのか──？　これも分析すると、3つほどの要因が考えられます。

④−A.「商品の入手場所・方法を認識していた人の数」が予想より少なかった

④−B.「商品の入手場所・方法にアクセスできた人の数」が予想より少なかった

④−C.「商品の入手場所に配荷されていた商品の数」が予想より少なかった

Aについては①や②と同様に、コミュニケーション上の問題です。どこで売っているのか、どうすれば買えるのかという情報伝達がうまくいっていなかったということです。

残りの2つ（B・C）については、流通上の問題があったのだと言えます。Bのほうは、たとえば日本全国にほしがっている人はいたのに、首都圏のお店でしか販売されなかったせいで、買えない人が大量に出てしまったようなケースを考えてみるといいでしょう。Cはより単純で、これは要するに「品切れ」による機会損失です。

お試し購入を促す「リポジショニング戦略」

さて、深堀りを先送りしていた③を見ていきましょう。自社商品の訴求したいところはしっかり伝わっているはずなのに、買い手はそのCPを「最高」だとは感じてくれなかった──それはいったいなぜなのか、ということです。この原因として考えられるのは次の2つです。

③－A. この商品の CP を「最高」と評価してくれる買い手を選択できていない

③－B. この買い手に対して CP が「最高」と評価される商品を提供できていない

　どちらにしても、ターゲットとなる買い手の「戦場」のなかに、自社よりも CP の高い商品が存在したため、他社商品などが「最高」だと判断されてしまったということです。

　まったく同じ商品であっても、買い手が違えばその CP は変わってきます。大切なのは、できるかぎり高いパフォーマンスとできるかぎり低いコストを実現すると同時に、その商品の CP を「最高」だと感じてくれるような「適切な買い手」にめがけて、間接情報を伝えていくことです。

　いくら自分たちが「安くていい商品をつくれた」「その商品の認知・理解を促すことができた」と思っていても、そもそもの買い手の選択を誤ってしまえば、当然ながら「安くていいもの」とは判断してもらえませんから、トライアル購入は大きく伸びていきません。ターゲットとされた買い手の側から見るなら、CP が「最高」と判断できるような商品を提供されていないということになります。

　これを解決するには、商品かターゲットを変えるしかありません。したがってその方策は、大きく見て３通り考えられます。

① 商品を変える×ターゲットはそのまま
② 商品はそのまま×ターゲットを変える
③ 商品を変える×ターゲットを変える

　これらのうち、①や②は論理的には考え得る選択肢ですが、現実的には
こうした方策が取られることはありません。
　まず①の「商品を変える×ターゲットはそのまま」というのは、言って
みれば「誤って選択してしまったターゲット」を基点にしながら、「そう
いう人たちにとってよりCPが高い商品はどういうものだろう？」と発想
していくようなパターンです。
　しかし、シーズ発想の視点からすると「誤ったターゲット」というのは、
自社の資源とは言えませんから、そもそもこの選択肢については考える必
要はないでしょう。

　次に②の「商品はそのまま×ターゲットを変える」です。これはまった
く商品に変更を加えることはせず、それにとってより適切な買い手群を新
たなターゲットにしていくような方策だということになります。しかし実
際のところ、ターゲットを修正するときには、同時に商品のパフォーマン
ス変更を伴うのがふつうです。
　たとえば、資生堂の「シーブリーズ」という商品は、かつては夏にスポー
ツをする男性をコアターゲットにしていたのですが、売上が伸び悩みまし
た。そこで「部活後に好きな男の子のために制汗剤を使う女子高生」にター
ゲットを変更したわけですが、その際にはやはり商品のパッケージやライ
ンナップも変更しています。

　そういうわけで、トライアル購入の不振を解決するには、③の「商品を
変える×ターゲットを変える」が現実的な方策だということになります。

商品の CP を変更すると同時に、それを「最高」だと評価してくれるような新たな買い手を選び直していく方策は、さらに次のように分けることができます。

③−1. 商品のコストを変更する
③−2. 商品のパフォーマンスを変更する
　③−2−(a) 商品自体を変更する
　③−2−(b) 商品の記号を変更する（リポジショニング）

　まず③−1の「商品のコストを変更する」については、いちばんわかりやすく簡単なのは「販売価格の見直し」です。価格コストを引き下げれば、当然ながら商品の CP は上がりますから、トライアル購入の数量は増えるでしょう。ただし、単品あたりの粗利は減ることになるので、「単品あたりの粗利×トライアル販売数量」の積（粗利）が最大になる価格ラインを見定める必要があります。

　そして③−2の「商品のパフォーマンスを変更する」では、もちろん商品それ自体をまったく変えてしまうという選択肢（a）もあり得るわけですが、これはいわば振り出しに戻ることになるので、最後の手段だと言えるでしょう。したがって実際には、ひとまず商品に関する記号のほうを変えていくことで、この商品を「最高」だと感じてくれるターゲットを見つけていくやり方（b）が優先されるべきでしょう。

　では、「記号を変える」とはどういうことでしょうか？　たとえば、燃費が「25km／L」の自動車のトライアル購入が伸びなかったとき、「燃費27km／L」という記号を加えて宣伝するのは単なるウソになってしまいま

す。つまり、すでに訴求したのと同じ属性（Attribute）軸のうえで Property を変えていくことは不可能なのです。

　そのため、実際には、買い手に価値を感じてもらえるような別の属性軸を発見し、そこでの Property を打ち出すことが必要になってきます。これはいわゆる**リポジショニング**です。

　たとえば、もともとはアルコールに弱い人に向けてつくった「ライトビール」という商品を、「たくさん飲めるビール」としてヘビードリンカーに向けて訴求し直すような場合です。また、刻み海苔をつくるのにつかっていた鋏を「シュレッダー鋏」として売り出すのも、こうしたリポジショニングの典型と言えるでしょう。

　リポジショニングは**コンセプト変更**と言ってもいいでしょう。コンセプトという言葉も意味があやふやなまま使われている用語ですが、本書においては「買い手をトライアルに向かわせる商品の属性（Property）」と定義することができます。そのため、「新商品だったから買った」という買い手にとっては、じつは「新商品」自体がコンセプトだということになります。

「羊頭狗肉」を回避するためにやるべきこと

　ここまでは、トライアル購入が予想ほど伸びなかった原因とその対策について考えてきました。これに対して、ひとまず購買してくれた買い手が、次にもう一度それを買い求めてくれるのがリピート購入です。リピート購入は**リピート率**（＝リピート購入数÷トライアル購入数）によって指標化できます。

　リピート率が伸び悩んでいるとき、それは「買い続けてもらえない商品」になっているということを意味します。ただし、リピート購入はつねに一定の時間のなかで行われるものなので、さまざまなケースがあり得ます。「そもそも1回もリピートしてもらえていない」「1回はリピートしてもらえたが、それ以降は買ってもらえていない」……など、いくつかパターンは考えられますが、共通して言えるのは、どこかの時点で次の3つのどれか（1つ以上）が起こっているということです。

① 市場が小さくなった
② 自社商品よりも CP の高い競合商品が登場した
③ 羊頭狗肉

　①は「なにかこの手のものがほしいな……」と感じている人たちの数が減ってしまったケースですから、そもそもコントロールしようがありません。そして②についても十分起こり得るケースです。競合他社もいつまでも黙って指をくわえているわけではありません。買い手を奪い返すべく、さらに CP の高い商品を企画するしかないでしょう。

　もったいないのは③のケースです。「羊の頭を看板に掲げながら、実際には犬の肉を売っていた」という故事に由来する言葉ですね。せっかく商品のコンセプトが受け入れられても、商品の中身がそれに一致しない場合、買い手は二度と同じ商品を購入してはくれません。
　これは「実体としての商品」の PC が「記号としての商品」の CP を下回っていた結果であると解釈できます。これを解決するには、実体と記号とのギャップを埋めるべく「商品を変える」しかありませんが、いったん「騙された！」と感じている買い手にもう一度振り向いてもらうのは、相当難

しいことです。現実には、事前の調査の段階で「羊頭狗肉」になってしまっていないかに注意することが必要でしょう。

とはいえ、調査の時点でこれに気づくことができれば、その解決には意味があります。トライアル購入の場合の「③－2－(a) 商品自体を変更する」の場合は、いわば振り出しに戻るのに等しいと書きましたが、こちらの場合はコンセプト自体が受け入れられることはわかっているわけですから、純粋な「振り出しに戻る」ではないからです。

「羊頭狗肉」を解決するための方策は、「どこまで遡るのか」に応じて大きく2通りがあります。

(a) 商品だけを変える
(b) 商品を生み出す強み／弱みから変える

(a)のほうは単純に、自社が持っている現状の強み／弱みをベースにしながら、もっとCPの高い商品を企画・実現・生産する活動です。あるメーカーがいまの技術力で実現できる「別の商品」を生み出すような場合を考えていただければいいでしょう。

他方で、(b)のほうはより踏み込んだ抜本的な改善案です。つまり、商品のCPの源泉となる強みを増加させたり、CP向上を阻害している弱みを減少させたりすることで、よりCPの高い商品を生み出せるような体制を整えていくということです。メーカーでいえば、技術力そのものを高めようとするような場合が考えられます。

前節までで見てきたマーケティング戦略立案のための7ステップでは、すでに自社に備わっている強み／弱みだったり、その継続性だったりにしか目が向けられていません。

　しかし、もしも自社に「これ」という決定的な強みが存在していないのであれば、それを新たにつくる必要があるかもしれません。あるいは、致命的な弱みが存在しているなら、いまからそれを打ち消すことも考えるべきでしょう。

　それまでに積み上げてきた強み／弱みを意識することは大事ですが、投下可能な費用の範囲内で、新しい強みの創出や既存の弱みの克服を考えていくこともまた、マーケターが知恵を絞るべき重要ポイントだと言えます。

　さて、この２つのどちらを選択するにしろ、必要になるのはCPの分析です。これは問題解決型のマーケティング戦略立案のみならず、まっさらなところからの戦略立案（７つのステップ）でも同じでした。つまり、自社商品のコストとパフォーマンスがどのような要素から構成されているのかを、しっかりと切り分けながら理解するということです。場合によっては、それらの源泉となっている強み／弱みにも踏み込んだ分析が必要になるでしょう。

　とはいえ、いきなりなにもないところから、こうした分析をするのはかなり大変そうですよね。実際、それはかなり難しいと思います。というわけで、マーケターたちの思考の補助ツールについて、最後の章で見ていくことにしたいと思います。

第 5 章

FRAMEWORKS OF MARKETING

マーケティングの
「道具」論

この本の問題意識は、マーケティングにおいては 3C や 4P のようなフレームワークが当然のものとして鵜呑みにされており、その原理がよくわかっていないことにありました。本書はこれを解決するため、そもそもマーケティングとはどういう活動なのかを掘り下げ、戦略立案に向けた具体的なステップを明らかにしてきたわけです。

最後となるこの第 5 章では、これらの道具立てをもとにしながら、マーケティングのフレームワークが本来どういうものなのかをとらえ直し、従来の代表的なフレームワークの妥当性を検証していきたいと思います。

27

MECE とロジックツリー
——「フレームワーク」とはなんだろう？

前章の最後あたりで、マーケティング戦略を立案する際には、あらかじめ自分たちの発想に入り込んでいる「バカの壁」を言葉化すべきだという話をしました（203 ページ）。そうした区画整理をやったあとであれば、むしろそれぞれの枠組みを意識しながら発想したほうが、アイデアの多様性（広さ）は高まります。これが、いわゆる**フレームワーク思考**の本質です。

鋭い読者は、第 1 章の「枠組みがあったほうが広く考えられる」「枠組みはチェックリストとして機能する」（49 ページ）といった論点が、この内容を先取りしたものだったことに気づいたかもしれません。思考の枠組みは、それが無意識的なものにとどまっているかぎりは、発想の広がりを邪魔する障害物となります。しかし、それらがひとたび顕在化されるや、発想の「ど忘れ」（＝「しまった」）を防ぐ心強い武器となってくれるのです。

「単なるツール」と「フレームワーク」はどこが違うのか？

とはいえ、なんらかの戦略をつくろうとするたびに、自分たちの発想のどこに「バカの壁」が入っているかを振り返り、いちいち前提を顕在化していくのはかなり骨が折れます。そんなとき、だいたいどんなところに壁

が入るのかについて、あらかじめ大まかな区画整理をしてくれるような
ツールがあれば、とても便利ですよね。

　それに沿って発想すれば、考えるべき範囲を見落とすことなく、全範囲
を網羅できるようなツール──それが既成の**フレームワーク**の正体です。
巷で「フレームワーク」として紹介されている諸々のツールは本来、でき
るかぎり多様な戦略の仮説をたくさん発想するためのチェックリストにほ
かなりません。
　これが「ビジネスのフレームワークは、数学の公式のようなものではな
い」（31ページ）ということの意味です。だからこそ、このツールにあて
はめだけで正解が導き出されるようなことは、そもそも期待しようがない
のです。

　さらに、一般向けのビジネス書では、ビジネス上のツールがなんでもか
んでもフレームワークと呼ばれていたりします。フレームワークの条件を
満たしていないものが、無防備に「フレームワーク」として紹介されてい
たりするのです。

　では、あるツールがフレームワークと呼べるための条件は──？
　これについてははっきりしています。「フレームワーク」を特徴づける
のは、思考の見落としを防いだり、発想を広げたりするチェックリストと
して機能するかという点です。こうした機能を持たないものは、フレーム
ワークとは呼べません。

227

MECE はフレームワークではない——「ダブリなくモレなく」の意味

しかし、より肝心なのは、思考の見落としを防いだり、発想を広げたりするのに役立つためには、それがどんな性質を持っていなければならないか、ということでしょう。

この問いに対する答えが、いわゆる MECE です。

これはもともとはマッキンゼー・アンド・カンパニーの社内用語で、「Mutually Exclusive and Collectively Exhaustive」の頭文字をとったものです。直訳するなら「相互に排他的、かつ、総じて網羅的」といったところですが、「ダブリなくモレなく」という意訳とともに紹介されることが多いようです。

まず断っておけば、MECE はマーケティングのフレームワークではありません。というよりも、それ以前に、そもそもフレームワークではありません。それにもかかわらず、世の中の書籍では、MECE それ自体を一種のフレームワークとして紹介しているものが散見されます。

これは端的に言ってデタラメですので、「MECE というフレームワーク」などという表現をしている人がいれば、その人は MECE について根本的に誤解していると同時に、フレームワークの本質もわかっていないと断言できます。

MECE はフレームワークそのものではなく、フレームワークが満たすべき条件です。

すでに見たとおり、フレームワークというのは、思考の見落としを防いで、より広く発想するためのチェックリストです。ですから、そのリストに項目の「モレ」があってはいけないのは自明です。また、モレがないように区分されたリストは、副次的に「ダブリ」も少なくなる傾向がありま

す。

　よって、そのツールがすぐれたフレームワークであるかどうかは、そこに含まれる各項目が MECE になっているかによって評価できます。もし、なんらかのフレームワークをみずからつくろうとするなら、それぞれが MECE になっているか（とくにモレがないか）に注意が必要です。

ロジックツリーとフレームワークの関係性

　MECE に言及したついでに触れておくなら、戦略関連の書籍によく登場する**ロジックツリー**も、その本質はフレームワークと同じです。「ロジックツリー」という名前のフレームワークがあるわけではなく、これはあくまでも MECE な枠組みをつくるための手法でしかありません。

　ある対象領域についてフレームワークをつくるときには、ダブりやモレが出ないようにその領域を上流から分割していくことになります。このよ

ロジックツリーの末端がチェックリストになる

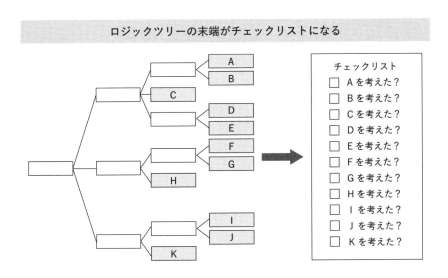

うな分割を繰り返してつくられるのがロジックツリーです。

　このツリーの末端には、対象領域をダブりなくモレなく分割した要素が並びます。この項目それぞれについてアイデアを引き出していけば、発想のモレを防ぐことができます。つまり、このロジックツリー自体がチェックリストとして機能することになります。

　以上、本節ではフレームワークが満たすべき条件を見てきました。ここからはいよいよ、既成のフレームワークを見ていきたいと思います。

　ただし、ここでの目的は、各フレームワークの詳細な解説ではありません。また、あらゆるフレームワークを網羅的に取り上げるつもりもありません。

　あくまでもマーケティングの原理に照らしながら、「モレやダブりはないか？」「普遍性はあるか？」「どんな局面で役立てるべきか？」「そもそも役に立つのか？」といった観点で検証していくことにしたいと思います。

28

3C
——「競合に対する強み／弱み」を把握する

「3C はなぜ『3C』なんでしょうか?」——筆者が企業研修の場で投げかけたこの問いから本書はスタートしました。つまり、マーケティングの原理をめぐる長い長い探究も、ようやくそもそもの出発点に戻ってきたことになります。

　3C はマーケティング戦略立案の文脈でよく言及されるように思います。事業計画や経営戦略をつくるときにも 3C を参照することがあるようですが、これがフレームワークであることは、一般的な共通理解だと言っていいでしょう。

　本書で用いてきた言葉を使うなら、これは企業の「強み／弱み」を把握するためのフレームワークだということです。すでに述べたとおり、戦略仮説の有効性(目標達成の可能性)を推定するうえでは、「自社にはどういう優位性がどれくらいあるのか」を洗い出しておくことが不可欠になります。

　ひとまず 3C の中身を見ておきましょう。

① Customer ── 顧客（買い手）
② Competitor ── 競合
③ Company ── 自社

「競合との争い」だけに目を向けるフレームワーク

筆者が考えるに、3C というフレームワークは狭義の競争、つまり「競合との競争」を対象としています。

179 ページで見たとおり、企業の競争相手は競合だけではありません。買い手や供給業者に対して、どれくらいの優位性があるかによっても、目標の達成度は左右される以上、彼らとも競争を行っていると言えます。しかし、3C で分析されるのは「競合に対する強み／弱み」だけだということです。

なぜそう言えるのか？ 3C における 3 者というのは、狭義の競争関係を MECE に分解したときに出てくる、必要最小限のプレイヤーになっているからです。

まず「自社」だけでは競争は生まれません。なんらかの競争が存在するためには、自社のライバルになるような「競合」の存在が不可欠です。しかし、それだけでもまだ競争は成立しません。どちらの会社がすぐれているのかを決めるのは「買い手」だからです。

自社の強みとか優位性といったものは、あくまでも買い手の目から両者を比較したときに見えてくる相対的な概念なのです。これは、自分以外にもう 1 人の力士と行司が土俵にいてくれないと、相撲というゲームが成立しないのと似ています。

　ですから、3C は「競合との争い」を分析するうえではモレがないフレームワークだと言えますし、「競合に対する強み／弱み」を把握するにあたっては、つねに意識すべき視点だと言えるでしょう。

　ただし、このときに「自社／競合／顧客」という３つのボックスをつくって、それぞれに項目を書き込んでいこうとすると、よけいに混乱するのではないかと思います。ここで理解したいのは、あくまでも「競合と戦う自社を買い手視点で見た場合の強み／弱み」だからです。よって、この３者の関係を踏まえながら、最終的には「自社の強み／弱み」という１つの箱を埋めていくのがいいように思います。

　自社の強み／弱みに目を向けようとするとき、人はつい自分勝手な思い込みにとらわれがちです。強み／弱みはあくまで「だれかに対する強み／弱み」であり（ここでは競合）、しかもそれを判断するのは、いつも買い手です。そのことを意識させてくれる点で、3C にも一定の意義があると言えます。

4C、5C、6C……なぜ C が増える？

　他方で、繰り返しになりますが、3C で把握される強み／弱みは、競合に対する競争に関わるものでしかありません。マーケティングの目標は粗利の最大化であり、粗利は買い手や供給業者との競争にも影響を受けます。

　したがって、マーケティング戦略の立案を 3C だけでやりくりするのは無理があります。あくまでも「競合に対する強み／弱み」を把握するためのツールだと割り切るべきです。

　本書の冒頭で、筆者の「なぜ 3C なのか？」という問いに対して、受講生から返ってきた「最近は 5C が主流です」という見当外れな答えをご紹

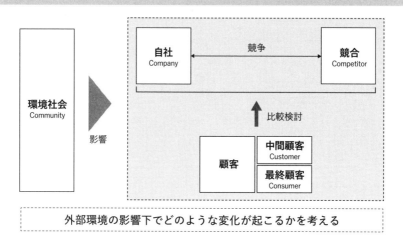

5C

自社
Company

競争

競合
Competitor

環境社会
Community

影響

比較検討

顧客

中間顧客
Customer

最終顧客
Consumer

外部環境の影響下でどのような変化が起こるかを考える

介しました。この回答の是非はさておき、3Cがさまざまなところで4Cだったり5Cだったり6Cだったりに拡張されている背景には、3Cが内包する上記のような限界があるのではないかと思います。

つまり、3Cだけでマーケティング戦略の全体を立案しようとすると、必ずモレが生まれてしまいます。それをカバーするためには、どうしても「Cの数」を増やすしかないのです。

3Cにはさまざまな亜種が存在するので、その1つひとつにはあえて立ち入りませんが、たとえば下記のようなかたちで5Cが語られていたりします。

① Consumer —— 最終顧客（買い手）
② Competitor —— 競合
③ Company —— 自社

④ Customer ── 中間顧客
⑤ Community ── 環境社会

　ここでは「最終顧客（買い手）」を意味する Consumer という別の語が
登場し、Customer のほうは「中間顧客」となっています。これはいわゆ
る買い手ではなく、流通・小売・販売代理などを担うパートナーを指しま
す。

　また、「環境社会（Community）」というのは、さまざまな外部要因を
指すようです。たとえば法改正だったり、人口や景気の変動、流行病や戦
争のような社会情勢、人々の趣味嗜好の変化だったりが想定されていると
いうことでしょうか。

　いずれにせよ、3C は「競合に対する強み／弱み」の分析には使えるが、
マーケティング戦略立案に必要なすべての強み／弱みを考えるうえでは役
に立たないということは押さえておくべきでしょう。
　また、そうした限界を補うために、いくつかの C を増やしているケー
スが散見されますが、それらのフレームワークがほんとうに MECE だと
言えるのかについては、別途の検証が必要になると思います。

29

4P と 4C
——「マーケターの行動」を構成するもの

　3C と並んでマーケティングの世界で有名なのが **4P** です。これについても 7 ページの QUESTION ですでに言及しましたが、ごく簡単に説明しておくことにしましょう。まず、4P の中身をはっきりさせておきたいと思います。

① Product ——商品
② Price ——価格
③ Promotion ——販売促進
④ Place ——流通

　競合との競争を成立させる要素を分析し、そこに必要なプレイヤーを列挙したのが 3C だったのだとすれば、4P ではマーケティングの行動そのものを分割したものだと言えます。

　実際、「どんな商品を開発すべきか?」「どれくらいの価格で売り出すべきか?」「どんなプロモーションを行うべきか?」「どんな流通経路で届けるべきか?」といったことを考えるのがマーケターの仕事です。こうした

多様な観点でマーケティングの戦略を見ていけば、一定の発想のモレを防ぐことはできそうです。

「4P の弱点」をカバーするマーケティングの定義

しかし、マーケティングの 4P で気になるのは、それぞれの要素がなにを意味しているのかがややあいまいだということです。その枠組みにダブりやモレがない（MECE である）と言えるためには、枠を分けている境界線（＝言葉）が明確でなければなりません。4P はその点において不安が残ります。

じつを言えば、筆者がマーケティングの定義を執拗に追い求めてきたのも、4P にそのような不十分さを感じていたからです。「マーケティングという行動にはどんな要素が含まれるのか」を徹底的に突き詰めていけば、4P に代わるフレームワークが見つかるかもしれないし、ひょっとすると 4P がカバーできていない要素が見えてくるかもしれない——それが当初に考えたことでした。

というわけで、少々しつこいですが、本書のマーケティングの定義をもう一度見ておきましょう。

【定義】マーケティングとは「一定費用の下で、適切な買い手群にとってよりコストパフォーマンス（CP）の高い商品を生み出し、その存在を認知させ、その内容を理解させ、これを送り届けることによって、粗利を最大化する総合活動」である。

この定義には、4P のそれぞれに対応する要素がすべて含まれています。たとえば、「(適切な買い手群に)その存在を認知させ、その内容を理解させ、送り届ける」の部分が、4P における Promotion そのものだというのは、わりとだれでもすぐに気づくのではないでしょうか。

コストパフォーマンスは 4P でできている

一方、この定義の中核をなしているのは、パフォーマンス÷コストの商である「コストパフォーマンス(CP)」の概念でした。コストの内実は「価格コスト＋到達コスト」ですが、価格コストというのは明らかに価格(Price)です。また、到達コストとは「商品の効能を享受するまでにかかるコスト」ですので、流通(Place)によって決まります。

次に、パフォーマンス(価値)のほうは「(機能性パフォーマンス＋情緒性パフォーマンス)×商品の効能を享受するまでにかかる時間の短さ」によって決まります。ここで、機能性パフォーマンスを決めているのは商品そのもの(Product)でしょう。他方で、それに付随する情緒性パフォーマンスのほうは、それをどのような商品として認知させていくか(Promotion)に左右されます。また、効能を享受するまでにかかる時間の短さは、流通上の問題(Place)になってきます。

このように解釈すると、4P は「目標」と「買い手」の設定を除いた、マーケティングに関わる行動の中核要素については、モレなく押さえていると言えそうです。つまり、4P に沿って考えれば、うっかりの見落としはかなり防げるということです。

しかし、もしそうなのだとすれば、なにがなんでも 4P にこだわる必要もないかもしれません。むしろ、本書で見てきた定義さえあれば、最適な

行動の決定に必要な要素はすべてカバーできてしまうからです。

4P 分析ではどのみち 3C を使うことになる

いずれにせよ、こうして見てくると「3C と 4P との関係性」も、かなり見通しが利くようになります。

ときどき「3C を使うべきか？　4P を使うべきか？」というようなことを言い出す人がいますが、これはまったくの見当違いです。3C は狭義の競争の構成要素（プレイヤー）を分割したもの、4P はマーケターの行動全般の構成要素を分割したものなのですから、そもそも分割の軸がまったく異なっているのです。

ただし、3C は「競合との競争」において妥当性を持つ以上、4P の分析をするときには、おのずと 3C も使うことになるとは言えるでしょう。つまり、3C は 4P のなかに内包されるということです。

したがって、たとえば Product の軸のなかに 3C を持ち込んで、自社と競合の商品を買い手の目で比較したり、自社商品が競合に対してどのような強みを持っているかを考えたりすることは十分に可能です。

4C──「買い手視点」を強調したフレームワーク

また、4P を買い手の視点から捉え直した **4C** というフレームワークも存在します。ややこしいですが、これは前節で扱った 3C の亜種（4C）とは別物です。ここで話題になっている 4C のほうでは「買い手の目から見たときに 4P がどう映るか？」が考えられています。

① Customer Value ——買い手価値
② Cost ——コスト
③ Convenience ——利便性
④ Communication ——コミュニケーション

　それぞれが 4P と対応しているのが見てとれると思います。4P がマーケ
ターの仕事の中核部分をモレなく押さえている以上、こちらの 4C もまた
MECE なフレームワークだと言えると思います。
　4C が登場してきたのは、ただ商品をつくるだけでは売れない時代にな
り、買い手の視点でマーケティングを見直す必要が出てきたからだと言わ
れます。実際にそうであるかどうかは別として、「買い手にとっての CP
の高さ」を中心にしている本書の定義は、もともと買い手視点を強調して
いると言えるでしょう。その点を押さえていさえすれば、4P と同様、わ
ざわざこの 4C に頼る意味もなさそうです。

30

5F
──「業界の魅力度」を多面的に評価する

　競争戦略の大家マイケル・ポーターが提唱した **5F** には「ファイブフォース」「5フォース」などさまざまな表記がありますが、Five Forces という名のとおり、5つの力との関係性をもとにして、業界内の競争環境を分析するフレームワークです。

　ひとまず、その5つとはなんなのかを押さえておきましょう。

---

① Competitive Rivalry ──競合との敵対関係
② Bargaining Power of Suppliers ──供給業者の交渉力
③ Bargaining Power of Customers ──買い手の交渉力
④ Threat of New Entrants ──新規参入業者の脅威
⑤ Threat of Substitutes ──代替品の脅威

　3C では、既存の競合企業との競争関係だけが注目されていたのに対し、5F では買い手や供給業者との関わりも含めながら、より多角的に競争をとらえようとしているのがわかります。また、新規参入業者や代替品も参照されており、自社の強み／弱みの継続性を把握できるようになっているのも特徴的です。

ここからもわかるとおり、5F のフレームワークは実際のところ、本書の内容とかなり高い親和性を持っています。5F の本質的な意味を解釈しながら、ここまで明らかになったマーケティングの原理との関わりを見ていくことにしましょう。

2つの使いみちがある──戦略の源泉＆戦略の検証

　まず、5F がどんな使いみちを持っているのかを確認しておきましょう。このフレームワークが有効なのは、次の2つの局面においてです。

> ① マーケティング戦略の立脚点になる「自社の強み／弱み（力関係）」を把握するとき
> ② 立案したマーケティング戦略の「有効性（目標達成の可能性）」を検証するとき

　①を目的としているとき、分析対象となるのは、過去のマーケティング戦略の成功例と失敗例です。ここから自社の強み／弱みが抽出されます。「うまくいく戦略を立案・実行できた理由」こそが強みであり、「うまくいかない戦略しか立案・実行できなかった理由」が弱みだということです。

　他方、②のために 5F が使われるときには、まだ実行に移されてはいないマーケティング戦略の仮説が分析対象となります。これによって戦略仮説の長所・短所を明らかにし、どれくらいの確度で目標を達成できそうかを推定することになります。

　戦略仮説の長所・短所を生み出している源泉も、やはり自社の強み／弱

みです。「だとすると、①さえやっておけば十分で、②は必要ないのではないか?」と考える人もいるかもしれません。

　しかし、そんなことはありません。なぜなら、①で明らかになるのは、過去事例からわかる強み／弱みでしかありませんが、②のようにこれから実行する戦略の有効性をたしかめようとするときには、これまでに見えていない強み／弱みにも目を配る必要があるからです。

　これは、前章でご紹介したマーケティング戦略立案の7ステップにおいて、強み／弱みの継続性([ステップ③])や過去事例に反映されていない経営資源([ステップ④])が参照されたことに対応すると言えるでしょう。

供給業者に対する強み／弱み——変動直接原価

　ところで、強み／弱みというのは相対的な概念です。それはつねに「だれかに対する強み／弱み」であり、一定の競争相手との力関係のなかで決まってきます。

　ですから、用途が上記の①であろうと②であろうと、その競争相手がいったいだれなのかを明らかにしておかねばなりません。ところで一般に、だれと敵対することになるのかは、その目標との関係のなかで決まります。われわれが考えているのは、マーケティングにおける競争であり、マーケティングの目標は粗利でした。

　180ページでも触れたとおり、粗利は次のようも表現できます。

粗利＝(市場全体の売上×自社の市場シェア)－変動直接原価

同所で展開した分析と重複するところもありますが、非常に大事なポイントですので、おさらいしながら詳しく見ていきましょう。

　まず、変動直接原価は、供給業者との力関係によって決定されます。供給業者に対する強みが低下すれば、当然のことながら原価は上がることになります。逆に、自社サイドのほうにパワーバランスが傾けば、商品の原価を抑えることができますから、結果としてより多くの粗利を稼ぐことができるはずです。

　高い粗利目標を達成するマーケティング戦略を策定したり、その戦略の確度を検証したりするためには、供給業者とのいま現在の力関係に目を配るだけでなく、それが目標に内在する期間のなかでどう変化していくかの推定もしておかねばなりません。

　たとえば、今後も原材料を安く調達できるかが不透明であり、国外での紛争が長期化して一気に仕入れ価格が高騰する恐れがあるのだとすれば、供給業者に対する強みはかなり割り引いて考える必要があるでしょう。

ライバルたちに対する強み／弱み——自社の市場シェア

　次に、上記の式にある市場シェアを決定づけているのが、競合との力関係でした。

　市場というのは、自社商品も含めて「なんとなくそういう商品がほしいな」とぼんやりと考えている人たちのことであり、彼らはそれらの競合商品群を頭のなかの戦場のなかで戦わせています。

　そうした買い手のうち、自社商品を「最高」だと判断してくれる買い手こそがコアターゲットであり（136ページ）、本書ではコアターゲットの集合のことを、市場と対比して独壇場を呼んできたわけです（101ページ図）。

　市場の規模に対して、独壇場の規模がどれくらいになるのかを表現した
のが、いわゆる**市場シェア**です。十分な資源があれば、自社より CP の高
い商品が提示されないかぎり、この市場内のすべての買い手は、自社商品
を購入してくれることになります。つまり、自社の市場シェアは100％に
なります（市場＝独壇場）。

　しかし現実にはそうなりません（市場＞独壇場）。ライバルたちもまた、
企業努力をしてより CP の高い商品を提示しようとするからです。そうい
う商品が現れてくるかどうかは、ライバルたちとの力関係によって決まり
ます。この CP 競争の結果、自社が市場全体のうちのどれくらいを占有で
きるか（どれぐらいが独壇場になるか）が決まってくるわけです。

　注意が必要なのは、自社と CP を争うことになるライバルが、既存の競
合他社だけとはかぎらないという点でしょう。新たにこのマーケットに参
入してくる企業もいますし、既存商品とは別の仕方で買い手のニーズを満
たそうとする商品（代替品）も競争相手になり得ます。これらもまた、自
社の強みの将来的な継続性を脅かす存在だと言えるでしょう。

買い手に対する強み／弱み──市場全体の売上

　最後に残るのが、買い手との力関係です。市場内の買い手は、自社のも
のも含んだ商品群に対して一定のニーズを持っている以上、企業に対して
一定の「弱み」を持っています。逆に、買い手が足りないと感じているも
のを提供できる以上、企業には「強み」があると言えることになります。

　こうした買い手との力関係は、市場の買い手たちがその商品群にどれだ
けのお金を出すか（出費総額）、すなわち、市場全体の売上によって指標
化できます。

> **市場全体の売上** ＝単価（いくらなら買うか）×一人あたりの購買数量（いくつ買うか）×人数（何人が買うか）

　そして、買い手に対する強み／弱みについても、同様に継続性の分析が可能です。たとえば、感染症の流行が終息する兆しがなく、治療薬の開発・承認までにまだ相当の時間がかかりそうなときには、マスクのメーカーは買い手の弱みを握っており、しかもそれが数年は持続するだろうという見込みが持てます。

「魅力」というのは主観的な概念である

　以上、フレームワークとしての5Fについてひととおり見てきました。ここからもわかるとおり、ポーターの5Fは、本書が見てきたマーケティング戦略の土台となる「変数」をモレなくカバーしています。

　最後にもう1つだけ補足をしておこうと思います。それは**魅力度**という概念についてです。
　5Fは「業界の魅力度」を判定するためのフレームワークだとも言われます。業界内の5つの競争相手との力関係において、自社の優位性が高いとき、その業界はより収益性が高いことになるからでしょう。

　まず、繰り返しになりますが、5Fにおける「業界」とは、単に競合他社だけがひしめく場ではありません。買い手や供給業者、また、将来的に競合し得る新規参入業者や代替品の提供者などもひっくるめた、多元的な競争の空間が想定されています。

　他方、「魅力度」のほうについては、ひとまず「期待粗利率（＝粗利の期待値（目標）÷投下資本量）」によって定量化できるでしょう。ただし、同時に注意せねばならないのは、どういう業界が魅力的なものとして映るかは、その観察主体によって大きく異なるということです。

　同じ競争を分析する 3C と違い、5F というフレームワークのなかに「自社（Company）」が含まれていないのも、そうした文脈のなかで考えると納得がいきます。5F で分析される競争は、あくまでも「自社の視点から見た」競争であり、自社そのものは考察の対象外にあるのです。

　だからこそ、5F を使うときには、172 ページで触れた「色眼鏡」の存在を意識することが大切になります。いくら 5F を使ったとしても、業界の魅力度を客観的に判定できることはまずありません。この要素は、あくまでも「自社が現実的にその戦略を実行に移せるか否か」に大きく左右されるものだということは覚えておくべきでしょう。

31

SWOT
──混乱を招く理由はどこにある？

SWOT もまた古典的なフレームワークとして知られています。ひとまず概要を確認しておきましょう。

●内部環境
　① Strength ──強み
　② Weakness ──弱み
●外部環境
　③ Opportunity ──機会
　④ Threat ──脅威

　このように SWOT 分析では、自社の内部にある経営資源を「強み／弱み」に、自社を取り巻く業界への影響を「機会／脅威」にそれぞれ分類して2×2のマトリックスがつくられます。これによって内外の環境を踏まえた最適な戦略案を見出すことができる、というのがこのフレームワークの建前となっています。

　ただし、すでに指摘したことではありますが（175 ページ）、いきなり自社の強みや弱みを書き出そうとするのは、あまりおすすめできません。

どうしても表面的なポイントに目が行ってしまい、有意義な分析にはなりづらいからです。そこで本書では、過去の成功例と失敗例から抽出する方法を推奨してきました。

　そういうわけで、残念ながら SWOT が個別で役に立つような場面はない、というのが筆者なりの結論になります。むしろ、SWOT がやろうとしていることは、前述した 5F によってカバーできるのではないかと考えます。なぜそうなのかも含めて、SWOT の問題について見ていきましょう。

「強み」と「機会」は不即不離である

　いきなり後ろ向きな導入になってしまいましたが、SWOT にまつわる難点は、すでに各所でも指摘されているようです。

「日本でも特に 1980 年以降、大企業を中心に多くの会社で戦略策定のツールとして理論的に理解されながら、いまひとつ定着していないのが現状ではなかろうか。実際にこの手法を利用して戦略策定を行おうとすると、容易ではなく、実務での利用可能性についても懸念されている向きもかなりあるように思われる」
（吉田健司「改善型 SWOT 分析の提案と戦略構築連携に関する研究」『經營學論集』2014 年、第 84 集）

　筆者自身、このフレームワークがさまざまな企画書で使われているのを、相当な頻度で目にしてきました。しかし、4 つの箱に入っている情報が重複していたり、関係ないものが入っていたり、必要なものが抜けていたりすることがほんとうに多く、たいていの人が SWOT を使おうとした結果、

かえって混乱するだけに終わっているように思います。

　なぜこうしたことが起きてしまうのか？　これには大きく分けて3つほどの理由が考えられます。

① そもそも MECE ではない
②「なんのために？」が不明確
③「だれに対して？」が不明確

　SWOT では、まず対象とする環境を「内部／外部」に分けたあとで、それぞれのポジティブな要素／ネガティブな要素として「強み／弱み」「機会／脅威」があげられているので、一見するとこれは MECE（ダブりやモレがない）になっていそうです。

　しかし、筆者からすると、この点ははなはだ疑問です。なぜなら、強み／弱みは、そもそも機会／脅威と切り離しようがないからです。たとえば強みというのは、一定の機会の下での競争にとって有利に働く特徴であるはずです。だとすれば、「機会を抜きにした純粋な強み」というのは、まず存在しないのではないでしょうか（たしかに、177 ページで触れた定量的な経営資源は、その量の多さ自体が「強み」になる傾向があるかもしれませんが）。

　ちょっとした例で考えてみましょう。「マスク生産能力の高さ」それ自体は、単なる特徴にすぎません。それが強みとなり得るのは、たとえば「流行病の拡大によるマスク需要の劇的増大」という機会の下でのことです。マスクが全国的な品薄状況になれば、「商品の効能を享受するまでにかかる時間」（85 ページ）が一気に延び、他社のマスクのパフォーマンス（価値）は一気に低下します。そんななかで、自社だけがマスクを安定供給できる

となれば、これは競合に対しても買い手に対しても、圧倒的な強みとなります。

　このように、たいていの強みは、機会と切っても切れない関係にあります。しかし、SWOT分析のフレームワークでは、S（強み）の箱に「マスク生産能力の高さ」、O（機会）の箱に「流行病の拡大によるマスク需要の劇的増大」という具合に、それぞれを別々に書き込むことになるので、両者のつながりが見えなくなってしまうのです。（これはWやTも同じ）

ただ「箱を埋めよう」としていないか──目的は「戦略の源泉」の発掘

　もう1つ（②）は、SWOTに内在的な理由というよりは、これを使う側の意識の問題です。

　たとえば、W（弱み）の箱のなかに「夏場に売上が偏っている」という項目が入れられたとしましょう。しかし、これはほんとうに、この会社の弱みなのでしょうか？　夏場に大きな売上が立っているのだとすれば、それは同社の強みだとも言えそうです。これはほんの一例ですが、実際こういうケースは各所で散見されます。

　さらに、これが強みであるにせよ、弱みであるにせよ、ここにはより根本的な問題があります。それは、この「夏場の売上が高い」という分析からは、競争を有利に進めるための戦略が導き出されないということです。なぜかと言えば、同社の売上が夏場に偏っていることは、競争力の「源泉」ではなく、競争の「結果」でしかないからです。

　こうした混乱が起きるのは、SWOT分析をやっている当人が「なんのための分析なのか？」の視点を失っているからだと思います。本来、

251

SWOTで強みや弱みを洗い出す目的は、よりすぐれた戦略を考え出すことにあるはずです。つまり、戦略の源泉になり得ないものは、強みではありません。このことを忘れて、ただ4つの箱を埋めることばかりに意識を奪われている人が多いように思います。

「競合に対する強み」しか検討されていない
—— SWOTは5Fに還元できる

混乱が起きる最後の原因（③）です。少なくとも筆者の経験上、たいていのSWOT分析における強み／弱みは「競合に対する」それだと見なされているように思われます。しかも、あえてそうしているわけではなく、無意識のうちにそう決め込んでしまっているケースが圧倒的多数です。

しかし、前節でも触れたとおり、強みや弱みはどんなときも「だれかに対する強み／弱み」であり、だれがその競争相手になるかは目標との関係のなかで決まります（179ページ）。目標が売上であれば、競合だけでなく買い手もまた競争相手になりますし、そして本書のように粗利を目標に掲げることになれば、さらに供給業者との力関係も踏まえなければなりません。

この3つめの点は、SWOT分析において穴が生まれる最大の原因になっています。これを防ぎたければ、最初から5Fにおける「5つの競争相手」を想定して、それぞれに対する強み／弱みを考えていくのがいちばんでしょう。冒頭で「SWOTは5Fでカバーできる」と書いたのはこういうことです。

32

——

バリューチェーン
——優位性の「源泉」と「継続性」を見きわめる

バリューチェーンもまた、ポーターの『競争優位の戦略』などで語られている有名なフレームワークです。ここでは、商品が生まれて買い手に届くまでの一連の流れに着目し、各段階の活動においてどのようなバリューが生み出されているかが分析されます。

まず注意しておきたいのは、ポーターが語っている「バリュー」は、本書で言うところのCP（コストパフォーマンス）とほぼ同じであり、商品のパフォーマンス（価値）とはイコールではないということです。バリューチェーンの定義によれば、買い手にとってのコスト（価格など）の低さもバリューに含まれます。したがって本節を読む際には「バリュー＝CP」だと考えていただくほうがいいでしょう。バリューチェーンとは、商品のCPが付加・差引されていく一連のプロセスなのです。

業種・業界・商品に応じてアレンジすべき

バリューチェーンのフレームワークでは、事業活動が主活動と支援活動に分けられ、それぞれが利益（マージン）を生み出す流れとして位置づけられます。主活動のほうには「購買物流→製造→出荷物流→販売・マーケ

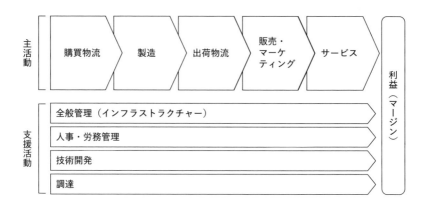

バリューチェーン

主活動
購買物流　製造　出荷物流　販売・マーケティング　サービス

支援活動
全般管理（インフラストラクチャー）
人事・労務管理
技術開発
調達

利益（マージン）

ティング→サービス」が、支援活動のほうには「全般管理」「人事・労務管理」「技術開発」「調達」などが配置されているのをよく目にします。

　しかし、バリューチェーンにおいて大切なのは、「自社商品のバリューがどの段階において生み出されているのか（自社の強みはどこにあるのか）」「どの段階でバリューが低下しているのか（自社の弱みはどこにあるのか）」をしっかりと把握することです。

　そのためには、バリューが形成されていく時間軸に沿って各項目がモレなく切り分けられていさえすればよく、必ずしも上記のような型にとらわれる必要はないはずです。むしろ、業種・業界・商品によって各段階の中身や粒度も異なっているでしょうから、自分たちなりのバリューチェーンを考えることは不可欠だとも言えるでしょう。

強み／弱みの「出どころ」を明らかにするツール

では、バリューチェーンのような分析をする意味はどこにあるでしょうか？　それは端的に言えば、自社の強みや弱みの「源泉」をはっきりと捉えられるということにあります。

過去の成功例や失敗例をもとにするにしても、こうして取り出される自社の強み／弱みは、かなりざっくりとしたものになっているはずです。たとえば「製造原価の低さ」という強みがあるのだとしても、なぜ自社にそれが備わっているのかは、ただちには明らかではないはずです。

そのときに有効なのが、バリューチェーンのようなフレームワークです。つまり、バリュー付加の流れを各プロセスに分けて見ることによって、強みや弱みがとくにどのプロセスに由来しているのかを把握することができるからです。各段階は時間軸に沿って MECE に分けられているので、見落としが生まれることもまずありません。

また、こうやって強み／弱みの源泉を自社の各プロセスにひもづけると、それらの継続性も評価しやすくなるというメリットがあります。

たとえば「製造原価の低さ」という解像度の低い状態だと、「目標に内包されている期間中において、その強みが持続するかどうか」はなかなか見えてきません。しかし、バリューチェーンの流れのなかで、具体的に自社のどのようなプロセスにおいて、こうした強みが実現されているのかを見ていくと、その「賞味期限」が推定しやすくなるのです。

もし未曾有の円高によって、海外からの部品調達がきわめて安価に済んでいるだけであれば、「製造原価の低さ」という強みには、あまり継続性がないかもしれません。為替が変動すれば、その強みはすぐに消滅しかねないからです。逆に、自社が保有する特許技術のおかげで、他社よりも圧

倒的に高い生産効率が実現されているような場合には、少なくとも近い将来にライバルから脅かされるような強みではなさそうだと予想できます。

　強みだけでなく、弱みについても同様の効用が期待できます。自社の弱みを「スピード感のなさ」というあいまいなレベルでとらえているうちは、対策の打ちようがありません。
「業務の流れのなかで、どこがボトルネックとなって遅延が生まれているのか？」という弱みの源泉が見えてきたとき、われわれは初めて問題解決のための手段を講じることができます。その弱みの継続性があまりにも高いと判断された場合には、そのプロセスを思い切ってアウトソーシングしてしまうといった選択肢も出てくるでしょう。

33

3つの基本戦略
──「攻め手」のワンパターン化を防ぐ

　ポーターのフレームワークとして有名な**3つの基本戦略**にも触れてお
きたいと思います。

　ポーターは次の3つを基本戦略として掲げています。これは、企業によ
る「市場の攻め方」を分類したものだと言えます。

---

① コストリーダーシップ戦略
② 差別化戦略
③ 集中戦略

実際には「4つの戦略パターン」が含まれている

　競合との競争に勝つために企業がやれることは、買い手にとってのコス
トを下げるかパフォーマンスを上げるかしかありません。ごく単純に言う
ならば、より安く提供するか、それとも、よりいいものを提供するかのど
ちらかだということです。まさに本書が拠りどころとしてきたコストパ
フォーマンス（CP）の考え方が、ここにはそのまま見て取れますね。

3つの基本戦略

競争優位

他社より低いコスト　　　差別化

広いターゲット

戦略ターゲットの幅

狭いターゲット

	他社より低いコスト	差別化
広いターゲット	1. コスト・リーダーシップ	2. 差別化
狭いターゲット	3A. コスト集中	3B. 差別化集中

出典：M. E. ポーター『競争優位の戦略』ダイヤモンド社、16ページ

　さらに企業は、この戦略を市場全体で展開するか、それとも、特定市場だけで集中的に展開するかの選択をすることにもなります。したがって、企業による市場の攻め方については、次のような２×２のマトリックスが形成されます。

① 市場全体に対して、コストを下げる
② 市場全体に対して、パフォーマンスを上げる
③ 特定市場に対して、コストを下げる
④ 特定市場に対して、パフォーマンスを上げる

　このうちの①が**コストリーダーシップ戦略**です。つまり、競合他社よりも安い商品を提供することで、自社商品のCPを高めていく攻め手です。

　低価格に耐えられるような高い生産性や生産ロット、低人件費などの強みがある企業であれば、こうした戦略がとりやすくなるでしょう。

　逆に、商品の価値を高めて、業界内の他社に差をつけていくのが②の**差別化戦略**です。他社にはない独自の機能、高い品質、最新テクノロジーといった機能的価値だけでなく、ブランドイメージや充実したアフターサポートなどによって情緒的価値を高めることでも、買い手を引きつけることができます。

　これに対して③のコスト集中戦略や④の差別化集中戦略は、上記それぞれを特定のかぎられた範囲で実行していくようなイメージです。③と④はお互いに明確に違うものですし、記述の箇所によってはポーター自身も両者を区別しています。

　しかしながら、なぜかこれらは**集中戦略**としてひとまとめにされた結果、「4つ」ではなく「3つ」の基本戦略という呼び名が定着しています。なぜそうなってしまったのかについて、筆者ははっきりした答えを持たないのですが、少なくとも上記の分類がMECEなのは間違いありませんから、たしかにマーケティング戦略にはこの4パターンしかないことになります。

無意識のうちに、似た戦略を繰り返していないか

　いずれにせよ、3つの基本戦略は、自社の攻め手を広く考えるときには、うまく機能し得るフレームワークだと思います。

　マーケティング戦略を策定していくときには、既存の強み／弱みがベースになりますから、どうしてもその攻め方がワンパターンになりがちです。問題なのは、自社の戦略パターンが偏っていることに、気づくことすらできていない場合でしょう。

　そんなとき、3つの基本戦略のようなフレームワークを取り入れれば、

４つのアクション

減らす
業界標準と比べて思いきり減らすべき要素は何か

取り除く
業界常識として製品やサービスに備わっている要素のうち、取り除くべき要素は何か

新しい価値曲線

付け加える
業界でこれまで提供されていない、今後付け加えるべき要素は何か

増やす
業界標準と比べて大胆に増やすべき要素は何か

出典：W.チャン・キム、レネ・モボルニュ『ブルー・オーシャン戦略』ダイヤモンド社、78ページ

　いま考えている自分たちの戦略がこの４象限のうちのどこに位置づけられるのかを意識できるようになるはずです。そうすることで戦略立案における「バカの壁」を顕在化し、「壁」の向こう側にあるより多様な戦略アイデアにまで発想を広げるというのが、このフレームワークの正しい活用法だと言えるでしょう。

　ただし、ポーターの３つの基本戦略にも少し注意すべき点があるように思います。たとえば、コストリーダーシップなどにおける「コスト」としては、主に「価格コスト」が想定されているようですが、買い手にとってのコストはそれがすべてではありません。その価値を得るために必要な「到達コスト」を引き下げるような施策も、ある種のコストリーダーシップ戦略だと言えるかもしれません。

　またポーターは「コストリーダーシップ戦略と差別化戦略を両立させようとするのは避けたほうがいい」と語っています。経営資源が有限である

以上、両者を同時に実行するのはあまりにも難しいだろうというわけです。

　しかし、2つの戦略にリソースを適切に割り振りながら、商品の CP を全体として高めていくような選択肢は十分にあり得ますし、現実にもあたりまえのように実行されています。また、『ブルー・オーシャン戦略』で推奨されているように、これまで経営資源を投じていたもののいくつかを「減らす」「取り除く」ことをしていけば、活用できるリソースの総量を増やすことができます（260 ページ図）。

　これらを勘案すると、4つの攻め手のうちのどれか1に絞るべき合理的な理由はあまりなさそうです。その時々の状況に応じて、これらの攻め手を組み合わせていく道も検討すべきでしょう。

34

AIDMA と AISAS
——買い手の「歩留まり」を高める

　この節では AIDMA と AISAS という 2 つのフレームワークを見ていきましょう。

　AIDMA（アイドマ）はもともと 1920 代にアメリカで提唱されたものだといいますから、100 年近くの歴史を持っていることになります。これは買い手が商品の購買決定に至るまでの行動プロセスを説明したフレームワークで、下記それぞれの頭文字をとったものです。買い手の心理状態が 5 段階のうちのどこにあるのかを見定め、それに合ったアプローチをとることで、商品購買を促すことができるとされています。

① Attention —— （注意）知る
② Interest —— （興味）興味を持つ
③ Desire —— （欲求）ほしいと感じる
④ Memory —— （記憶）記憶する
⑤ Action —— （行動）購買する

　他方で、AISAS（アイサス）のほうはより近年に生まれた言葉で、2005 年に電通が商標登録をしています。Attention（注意）や Interest（興味）のあたりは

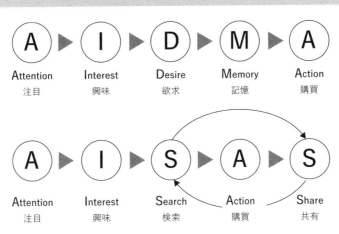

AIDMA を継承しつつも、Search（検索）や Share（共有）が盛り込まれているあたりに、インターネットや SNS からの影響を加味しようという意図がうかがわれます。

① Attention ── （注意）知る
② Interest ── （興味）興味をもつ
③ Search ── （検索）情報収集する
④ Action ── （行動）購買する
⑤ Share ── （共有）情報を共有する

理想値に対する「取りこぼし」を極小化する

AIDMA にせよ AISAS にせよ、この 2 つのフレームワークは、買い手

の購買行動を時間軸に沿って網羅的に捉えようとしています。そこから言えるのは、どちらも「販売数量」を目標としているという点でしょう。

　現実に商品が売れるためには、まず独壇場の存在が必要です。これは、競合商品も含めた商品群の戦場を頭のなかに持っていて、自社商品を「最高」と評価してくれるような買い手（潜在買い手）の集合でした。つまり、商品そのものの情報と、商品を手に入れるルートの情報が的確に与えられれば、必ずその人たちは商品を購入してくれるということが想定されています。

　しかし、独壇場の100％を刈り取れることは、現実にはまずあり得ません。通常は、自社商品の存在がうまく認知されなかったり、内容がうまく伝わらなかったり、たまたま出かけたお店で欠品していたりといったことが、個別の買い手レベルでは起こるからです。
　そして「潜在買い手のうち、どれくらいが現実の買い手になってくれるか」の歩留まりを左右しているのが、AIDMA や AISAS にあるようなプロセスです。この歩留まりが高まれば高まるほど、商品の総販売数量は増えるので、売上も大きくなります。AIDMA ／ AISAS の目標が販売数量であるというのは、そういうことです。

「そもそもの規模」に意識が向きづらい

　もし売上が目標に満たないのだとすれば、ここには大きく分けて2つ原因が考えられます。
　1つめは「潜在買い手→現実の買い手への歩留まり」を見誤っていた場合です。こうした場合、上記の2つのフレームワークは役に立つでしょう。「商品を知ってもらえていないことが原因なのか？」「興味を持ってもらえ

ていないせいでは？」「それとも……？」という具合に、購買決定に至るまでの障害をモレなく検討することができるからです。

　しかし、「独壇場（潜在買い手）そのものの規模」を見誤っていた場合は、どれだけAIDMAやAISASに注意したところで、あまり効果はありません。ホースからちょろちょろとしか水が出てこないとき、水の流れがホースのどこで邪魔されているのかを気にするのは大事です。しかし、そもそも蛇口から出ている水の量があまりにも少ないときには、そうした点検作業は無駄でしかありません。

　AIDMA／AISASといったフレームワークを使うときには、あくまでもホースの各部分に意識が向き、「どれくらいの歩留まりになるか？」という発想になりがちな点に注意が必要です。ホースの先から出る水量を最大化したければ、「そもそもどれくらいの潜在買い手がいるのか？（＝水道から十分に水が出ているか？）」にも目を向けなければなりません。

そこまでの普遍性はない——トライアルとリピート

　上記以外にも気になるポイントはいくつかあります。たとえば、AIDMAのほうがとくにそうなのですが、ここでは買い手による初回購入、いわゆるトライアルだけが前提されているように思えます。いずれも「売上」を目標としているようだと指摘したところですが、商品の売上は次の2つから成ります。

商品の売上＝トライアル（初回購入による売上）＋リピート（繰り返し購入による売上）

トライアルの意思決定は間接情報に基づいて行われます。他方で、同じ商品をもう一度リピートしようという気になるかどうかは、買い手自身の体験（直接情報）に依存します（212ページ）。一般に、事前に得た間接情報が直接情報とあまりにもかけ離れていれば、リピートにはつながりづらくなります。

　ここからもわかるとおり、2回め以降の購入は初回とは異なるプロセスをたどります。その意味では、AIDMAのあとに「E（Evaluation ＝評価）」のようなステップを補って、ループを描くようにすれば、より現実に即したフレームワークになるかもしれません。

　しかし、このような改良を加えたとしても、AIDMAやAISASを構成するそれぞれのステップに普遍性があるわけではありません。つまり、あらゆる商品の購買決定プロセスにおいて、すべてのステップが踏まれているわけではないということです。自動車の買い手は能動的な情報収集をしますが、コンビニでビールを買うときには、わざわざ情報を集めたりはしないでしょう。

　じつのところ、買い手の行動を時間軸に応じて整理したフレームワークは、AIDMAやAISAS以外にもいろいろとあります。AISASにComparison（比較）、Examination（検討）の2つを追加したAISCEAS（アイセアス）や、AIDMAの一部がConviction（確信）やSatisfaction（満足）に変わったAIDCAS（アイドカス）などは、目にしたことがある人もけっこういるかもしれません。

　こうした違いは、想定している商品群の違いに由来しますので、自社が展開している商品の特性に合わせて、最適なフレームワークを選べばいいのではないかと思います。しっくり来るものがなければ、潜在買い手の行動の時間軸を自分なりに分解して、オリジナルのフレームワークをつくったほうがいいでしょう。

35

──

PPM
──マーケティング費用配分の「全体最適」を探る

PPM（Product Portfolio Management）は、ボストン コンサルティング グループ（BCG）が提唱した枠組みです。この言葉を初めて聞いたという人も、次ページのような図は目にしたことがあるかもしれません。

PPMでは縦軸に市場成長率、横軸に相対市場シェアが設定され、それぞれの高低に応じて**「花形・金のなる木・問題児・負け犬」**という4象限が設定されます。たとえば、市場自体が大きく成長していて、かつ、その市場を大きく支配できているような事業があるとすれば、それは「花形」に分類されます。逆に、市場が縮小していて、かつ、そこでの自社のプレゼンスが低いとすれば、そんな事業は「負け犬」として位置づけられます。

とてもユニークかつわかりやすい図式なので、いろいろなところで利用されているのを目にしますが、本来ならばPPMはここで取り上げるべきものではありません。なぜなら、これは本書の意味におけるフレームワークではないからです。

227ページで確認したとおり、あるツールがフレームワークであるための条件は、それが「思考の見落としを防いだり、発想を広げたりするチェックリストとして機能する」ということでした。PPMは発想を広げるツールではないので、フレームワークとは言えないのです。

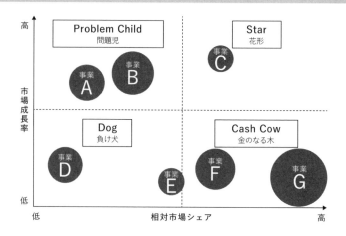

PPM

高

市場成長率

低

Problem Child
問題児

事業
A

事業
B

Star
花形

事業
C

Dog
負け犬

事業
D

事業
E

Cash Cow
金のなる木

事業
F

事業
G

低 　　　　　　相対市場シェア　　　　　　高

　では、これはいったいなんなのか――？　端的に言えば、PPM は評価基軸です。フレームワークがより多様なアイデアを引き出すための「発散」のツールなのだとすれば、評価基軸のほうはアイデアに優先順位をつけて絞り込みを行う「収束」のためのツールだと言えます。たとえば上図の各事業を見渡しながら、「さてどこに資本を投下しようか」と考えるような場合です。

　もちろん、評価基軸も MECE でなければなりません。そうでなければ、評価対象となる事業の重大な欠陥が見落とされたりする可能性があるからです。その意味では PPM にもフレームワーク的な側面はあるのですが、ここまで扱ってきたフレームワークとは異質であることを理解しておいてください。

費用の割り振りを決める「管理者のツール」

　さらにPPMは本来、事業ごとの経営資源の割り振りを想定してつくられたツールです。会社のなかにはさまざまな事業部がありますが、使えるお金にはかぎりがあります。どの部署にどれだけの費用を投じるかの優先順位をつけるとき、その評価基軸になるのが市場成長率と相対市場シェアだということです。

　ここで気になるのが、PPMをマーケティングに活かすことができるのか、もしできるとしたらそれはどんな局面においてなのかということです。結論から言えば、PPMはマーケティングにとっても一定の有益性を持っています。とくにそれが力を発揮するのは「マーケティング費用の決定」においてです。

　マーケティングの定義を検討した際にも確認したとおり、マーケティング活動に投下できる費用総額は、それぞれのマーケターにとっては「所与」でした（70ページ）。つまり、それはつねに１つ上の階層によって決められるものであり、マーケター自身がコントロールできるものではありません。

　だからこそ、マーケティングの定義も「一定費用の下で……粗利を最大化する総合活動」という表現になっていたわけです。

　一方で、こんな指摘をしたことを覚えている人もいるかもしれません。すなわち、経営者やマネジャーの立場にある人間にとっては、商品・事業部トータルの粗利目標を達成するために、どれだけのマーケティング予算を割りあてるかを考えることも、見方を変えれば、ある種のマーケティング活動だと言えなくもないかもしれない、と（72ページ）。PPMが企業のマーケティング活動の役に立つのだとすれば、こうした上位階層における意思決定においてではないかと思います。

269

たとえば、チーム a は商品 A を、チーム b は商品 B を、チーム c は商品 C を……という具合に人員が割り振られている組織があるとします。チーム a が商品 A のマーケティングのために投じることができる費用は、これらのチームを統括するマネジャーによって決定されます。

　言い換えれば、このマネジャーの目標は、個別商品の粗利を最大化することではなく、すべての商品の粗利の合計額を最大化することです。
　マネジャーが目標を達成するためには「どの商品にどれだけの費用を割りあてれば、全体の粗利が大きくなるか?」というポートフォリオを意識しなければなりません。そして、そのときの意思決定に役立つのが、相対市場シェアと市場成長率という 2 軸で商品の位置づけを確認できる PPM なのです。

　このように PPM は、決して多様な戦略アイデアを引き出すためのフレームワークではなく、組織の上位にある広義のマーケター(≒経営者、事業部長、ブランドマネジャーなど)が集中的に経営資源を投下するべき対象を絞り込むためのツールとして機能します。
　BCG による書籍でも、PPM の時間軸は「少なくとも 3 〜 5 年以上」(水越豊『BCG 戦略コンセプト』ダイヤモンド社)と書かれており、組織階層が上になるほど考慮すべき時間軸が長くなることを考えると、やはり PPM は明らかに上位階層者向けのツールだということがわかります。

　ただし、マーケティングの PPM においてマトリックス上に配置されるのは、個々の「事業」ではなく「商品」です。それぞれの商品をあたかも 1 つの事業部のように扱うという意味で、これは本来の PPM の相似的縮小版だと言えるでしょう。また PPM は、すでに一定の過去実績がある事業や商品を評価するツールです。これから生み出そうとしている事業・商品については対象になり得ないことも押さえておきましょう。

次の「金のなる木」を育てることが、上位マーケターの使命

マーケティングにおける PPM の目的は、2 軸からなる座標平面上に各商品をプロットすることで、より多くのマーケティングの費用をかけるべき商品とそうでない商品を判別することです。

その際にマーケティング部門の管理者が持つべきなのは、いかにして「次の金のなる木」を育てていくかという中期的な視点です。

現時点での「金のなる木」が、いつまでもそうである保証はどこにもありません。

「花形」や「問題児」のなかから次の「金のなる木」候補を探し出し、現時点での「金のなる木」がもたらしてくれた利益をそれらに再投資することで、全体としての粗利をさらに大きくしていくのが、上位階層マーケターの役割なのです。

ですから、「金のなる木」や「負け犬」に割りあてられる費用は、現状維持か減少になるのがふつうですし、「花形」や「問題児」のなかの優良株にはより大きな費用をかけていくのがふつうです。

とはいえ、ここで大事なのが「なぜそうだと言えるのか?」という視点です。たとえば「金のなる木」の象限には、相対市場シェアが高くて、市場成長率の低い商品が入ります。これらの商品には、なるべく投資せずに、粗利を搾り取ればいいということになるのですが、それはなぜでしょう?

じつのところ、ここにはさまざまな前提が置かれています。

**A. 相対市場シェアが高いと、競合よりも CP の高い商品を提供できる
ので競争優位にあり、その後も高いシェア（売上）を実現できる**

◎主な前提

A−1. パフォーマンスでは差がつきにくい商品であるので、コストで
　　　勝負する必要がある

A−2. 粗利の最大化が目標なので、買い手に対して低コスト（価格）
　　　を提示するには、原価が安くなくてはならない

A−3. 原価のうちで多くを占めるのが、人件費である。つまり労働集
　　　約型の商品である

A−4. 1人の労働者の累積生産数が増えれば、経験による学習によっ
　　　て、1つの生産にかかる時間は減る（経験による習熟がスピー
　　　ドアップをもたらし、人件費が減る）

A−5. しかし、習熟度に比例した、給与を払う必要はない（スピード
　　　が2倍になったからといって、2倍の報酬を払う必要はない）

A−6. 現在のシェアは累積生産量と相関する

**B. 成長率が低い市場においては、積極的な投資をしないでも、競争優
位が維持される**

◎主な前提

B−1. 成長率が低い市場には、競合も投資をしない

　さて、これらの前提は普遍的でしょうか？　普遍的とまではいかなくて
も、ある程度は一般的なものと、そうでないものが混じっているように思
われます。とくにA−1とA−3とB−1については、かなり限られた状
況のなかで通用する前提ではないでしょうか。

　まずA−1についてですが、PPMが提唱された当時（1960年代後半）のBCGのクライアント企業は、ふつうのネジや粗鋼を扱うメーカーが多かったと聞きます。こうしたクライアントが相手だったからこそ、この前提が置けたわけであって、これ自体に一般性があるわけではないでしょう。

　また、A−3についても、当時の工場と比べると、現代の工場はかなり機械化が進んでおり、メーカーといえども労働集約型ではなくなっています。だとすると、当時はかなり一般性がある前提だったとしても、今日ではあてはまらない部分が大きいのではないでしょうか。

　最後にB−1ですが、これは時代的な変化とはあまり関係がなく、そもそもの一般性に疑問が残ります。たとえ市場の成長率が低くても、市場そのものの規模が大きければ、そのなかで一定の優位性を築こうとして、積極的な投資をしてくる競合が現れる可能性は十分に考えられるからです。

　こうしたことを踏まえると、PPMは一般性が低いので、存在意義がないということになるのでしょうか？　そうではありません。このPPMには２つの存在意義があります。

① 商品を単独ではなく組み合わせとしてとらえ、次の「金のなる木」をつくり出すための投資ポートフォリオという考え方を示したこと
② 経験学習によって商品群における原価が低減する（A−4）という発見をしたこと

　ですから、使える場面においては、使うにこしたことはないのです。しかし問題なのは、使えない場面で使ってしまうことです。なぜそれが起きるかというと、こうした「前提」を把握できていないからなのです。

筆者はそういう例をさまざまなところで目にしてきました。研修の場で中途半端に知識のある研修生がつくった企画書などはその典型ですし、もっと時代を遡れば、筆者が広告代理店にいたころにも、マーケティング部署が上げてくる企画書には、そういうものがたくさんあったと思います（もちろん、当時は筆者もそのあたりをよくわかっていなかったのですが）。

　では、どうすれば、そうならないですむのでしょうか？　もちろん、ツールの前提を把握しておくことです。ツールの前提を理解しておけば、そのまま使っていいのか、そのままは使えないのかが判別できます。そして、応用が利きます。

　たとえば、人件費の割合が低い（労働集約型ではない）商品であったとしても、使用している部品の費用が原価の多くを占めており、同時にそこに規模の経済が効くようであれば、評価軸として「相対市場シェア」を使うことは問題ないかもしれません。

　PPMも成立の前提を明らかにしておけば、知恵となってくれるのです。逆にそれを欠いたまま、固定化した知識として使うと、大きな失敗の原因となりかねません。まさしく「生兵法は怪我のもと」です。

おわりに
──マーケターの守破離

「守破離」という言葉をご存じでしょうか？　日本のアートの世界で長らく受け継がれてきた「修業に関する考え方」で、世阿弥や千利休といった名前とセットでよく語られているようです。

　それによれば、どんな人も最初は、師匠から教わった型をひたすら「守る」ところからスタートします。マーケティングで言えば、たとえばAIDMAのようなフレームワークを忠実に使いこなすような段階でしょうか。

　こうした型をしっかりと自分のものにして、さらに学びを広げていった人だけが、その型を「破る」ことができるとされています。買い手の購買行動プロセスを軸としながら、自分の目的に応じてAIDMAの一部をアレンジしたり、AIDMAとは別の購買行動モデルを考案したりできるような状態ですね。

　そして最後に来るのが、こうした型を「離れる」ステージです。型の成り立ち（原理）を正しく把握している人は、既存の型に縛られることがなくなり、そこから自由に自分なりのやり方を生み出せるようになります。AIDMAでたとえるなら、そもそも購買行動プロセスという軸にとらわれず、本来の目的により合致したまったく別の軸をみずから発想できるようなレベルだと言えるでしょう。

「はじめに」でも書いたとおり、筆者のいちばんの問題意識は、マーケティ

ングにおいてほとんどの人が「守」の段階にとどまっていることにあります。AIDMAや3Cや4Pのようなフレームワークを所与のものと考えている人がほんとうに多い。こういう人が「破」や「離」に進んでいかないのは当然のことです。

　なぜそうなってしまっているのか──？　その1つの大きな原因は「守」のやり方の不十分さにあると筆者は考えています。つまり、マーケティングでは「型に対する『なぜ？』」がないのです。

「なぜこういう型になっているのか？」が問われないままだから、いつまで経ってもその型を正しく使いこなせるようにならない。当然、その限界にも気づくことができない。これらの型は決して普遍的なものではありません。役に立つ場面とそうでない場面があるのです。それなのに、いつまでも判を押したように4PやらSWOTやらに頼ってしまっている。

　そういう人のなかでは「考える」が死んでしまっています。

　じつのところ、こうした思考放棄が見られる場面は、マーケティングにかぎりません。人間の活動をよりよくしてくれる「マニュアル」や「ルール」は数多く存在しています。しかし、そのうちのほとんどに普遍性はありません。どんなときにも使える「公式」などではないのです。

　フレームワークとは発想を広げ、自分の奥底を掘り進めるためのツールです。それにもかかわらず、多くの人が型にあてはめるだけで、ものを考えた気になっているのではないでしょうか？　思考するためのツールであるはずのものが、思考をやめる言い訳になってしまっているのなら、そんな型など知らないほうがましだと思います。

筆者は、マーケティングにおけるさまざまな型（フレームワーク）を取り上げ、それに「なぜ？」をぶつけながら、その原理原則を体系化することを試みてきました。

　しかし、本書に積み上げられているのは、筆者なりの思考の軌跡でしかありません。これを鵜呑みにしろなどと言うつもりは毛頭ないのです。

　みなさんが現実のマーケティングに向き合うときには、ぜひご自分でよりよいフレームワークを探究し続けてください。

　これを続けていけば、いつのまにか自分たちを取り囲んでいる「バカの壁」を発見し、あなたの「しまった」をもっと減らしていくことができるはずです。

　本書はそのときの「思考の道しるべ」になってくれると思います。「考えるマーケター」であるみなさんが、マーケティングの「破」や「離」に飛躍していただく一助となること──それこそが、本書に込めた筆者なりの願いです。

　しかし、欲張りな筆者の願いはそこにとどまりません。

　ものごとの前提と筋道を明らかにし、さらには複数の筋道をつなぎ合わせて体系化していく──いわゆるクリティカル・シンキング（批判的思考）の実例としても、本書はお読みいただけるのではないかと思います。

　みなさんはビジネスパーソンとしてであれ、また一個人としてであれ、人生のほかの場面でさまざまな活動に関わっているはずです。また、これからほかにもさまざまな本を読んだり、学びを広げたりする機会もあるでしょう。そのときにも「なぜ？」を徹底的にぶつけていただきたいのです。ぜひそこでも「破」や「離」を成し遂げてください。

最初は、どんなにささやかな体系でも大丈夫です。その断片があれば、あとは斜面を転がり落ちる雪玉のごとく、体系はおのずと成長していきます。

　この本が、みなさんのなかで成長を続ける雪玉の「最初の核」になってくれることを願っています。

津田久資

[著者紹介]

津田久資 つだ・ひさし

東京大学法学部卒業。カリフォルニア大学バークレー校経営大学院修了(MBA)。博報堂、ボストン コンサルティング グループ、チューリッヒ保険などで、一貫して新商品開発、ブランディングを含むマーケティング戦略の立案・実行にあたる。
現在、August-a代表、コンテンツ3顧問として、各社のコンサルティング業務に従事。また、マネジメントスクールや大手企業などの研修において、論理思考・戦略思考の講座を多数担当。表層的なツールの解説に終始することなく、シンプルな言葉で思考の本質に迫る研修スタイルに定評があり、のべ1万人以上の指導実績を持つ。
著書に『あの人はなぜ、東大卒に勝てるのか──論理思考のシンプルな本質』(ダイヤモンド社)、『世界一わかりやすいロジカルシンキングの授業』(KADOKAWA)、『超MBA式ロジカル問題解決』(PHP研究所)、『ロジカル面接術』(WAC)などがある。

新マーケティング原論
──「売れる戦略」のシンプルな本質

2023年5月30日　第1刷発行

著者──────津田久資
発行所─────ダイヤモンド社
　　　　　　　〒150-8409　東京都渋谷区神宮前6-12-17
　　　　　　　https://www.diamond.co.jp/
　　　　　　　電話／03・5778・7233(編集)　03・5778・7240(販売)
ブックデザイン───中ノ瀬祐馬
カバーイラスト───Marion BOP[https://www.instagram.com/bop_ink/]
DTP───────ニッタプリントサービス
校正──────鷗来堂
編集協力────髙関 進
製作進行────ダイヤモンド・グラフィック社
印刷──────勇進印刷
製本──────ブックアート
編集担当────藤田 悠(y-fujita@diamond.co.jp)